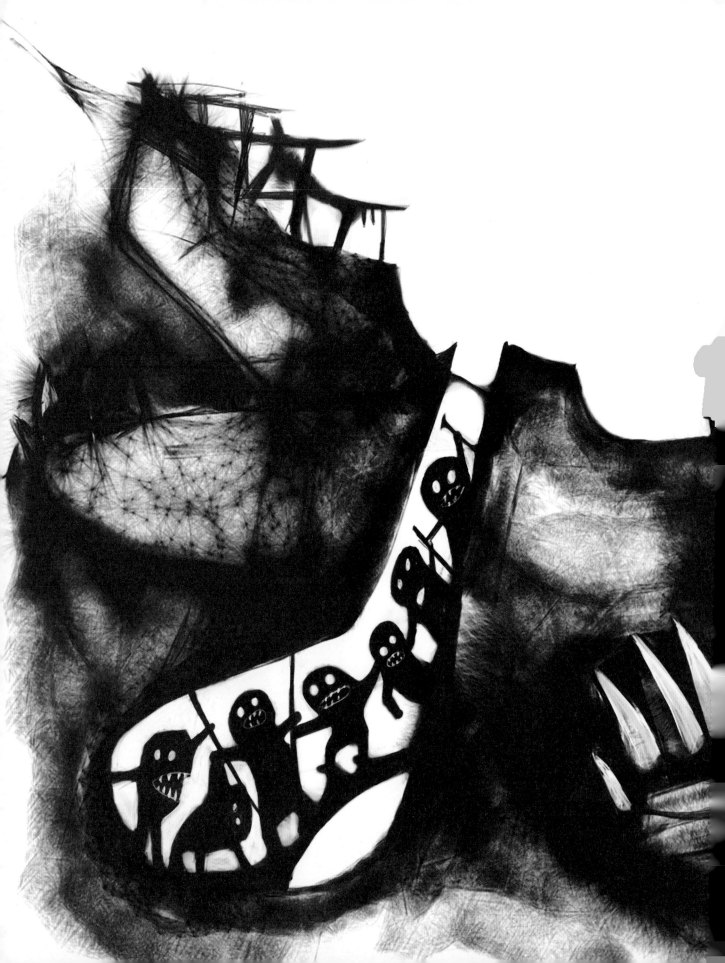

GAME
ART

GAME
ART

<파이널 판타지>에서 <네버 얼론>까지

40가지 게임 개발 스토리

매트 세인즈베리 지음 | 조동령 옮김

i!i
에이콘

Game Art
〈파이널 판타지〉에서 〈네버 얼론〉까지 40가지 게임 개발 스토리

인 쇄 ┃ 2015년 9월 18일
발 행 ┃ 2015년 9월 30일

지은이 ┃ 매트 세인즈베리
옮긴이 ┃ 조 동 령

펴낸이 ┃ 권 성 준
엮은이 ┃ 김 희 정
　　　　오 원 영
디자인 ┃ 이 승 미

인쇄소 ┃ (주)갑우문화사
지업사 ┃ 신승지류유통(주)

에이콘출판주식회사
경기도 의왕시 계원대학로 38 (내손동 757-3) (16039)
전화 02-2653-7600, 팩스 02-2653-0433
www.acornpub.co.kr / editor@acornpub.co.kr

한국어판 ⓒ 에이콘출판주식회사, 2015, Printed in Korea.
ISBN 978-89-6077-767-5
ISBN 978-89-6077-144-4 (세트)
http://www.acornpub.co.kr/book/game-art

이 도서의 국립중앙도서관 출판시도서목록(CIP)은 서지정보유통지원시스템 홈페이지(http://seoji.nl.go.kr)와
국가자료공동목록시스템(http://www.nl.go.kr/kolisnet)에서 이용하실 수 있습니다.(CIP제어번호: CIP2015025712)

책값은 뒤표지에 있습니다.

지은이 소개

매트 세인즈베리(Matt Sainsbury)

지난 15년간 비디오 게임에 대한 글을 써온 호주의 미술 평론가다. 그의 글은 「게임프로GamePro」, 「피씨월드 PCWorld」, 「피씨 게임존PC GameZone」에 실렸다. 아시아 엔터테인먼트 뉴스와 리뷰를 다루는 호주의 대표적 사이트인 DigitallyDownloaded.net의 창립자이기도 하다.

지은이 감사의 글

이 책이 출판되기까지 도움과 지지를 보내 준 감사한 이들이 너무도 많다.

이 책의 가능성을 인정해 준 노스타치 출판사에 감사드린다. 피드백과 지지를 보내준 DigitallyDownloaded.net 팀과 동료들, 그리고 언제나 같은 모습으로 내게 용기를 줬던 가족에게 감사한다. 인터뷰에 응하고, 멋진 게임 아트를 공유해 준, 이 책에 등장하는 모든 개발자에게도 고맙다는 말을 전한다.

무엇보다도 내 아내에게 감사한다. 나를 참고 견디는 일이 결코 쉽지는 않았을 것이다. 성자와도 같은 그녀의 인내와 지지가 없었다면, 게임에 관한 책을 쓰고자 했던 내 꿈을 결코 이룰 수 없었을 것이고, 이 책 역시 존재하지 않았을 것이다.

매트 세인즈베리

옮긴이 소개

조 동 령

2000년도 초반부터 게임 업계에 종사해 왔다, 무협 소설

작가로 등단하기 위해 집필에 몰두하고 있다.

옮긴이의 말

게이머가 게임을 즐기기 위해 개발자의 생각이나 개발상의 어려움까지 알아야 할 필요는 없다. 무수히 많은 게임 속에서, 개발자들은 게임을 무료로 제공하며 설치만이라도 해달라고 사정하는 형편이다. 이런 현실에서 게임을 만드는 사람의 사정까지 들어달라는 얘기는 자칫 무리한 요구일지도 모른다. 그래서일까 많은 게이머들은 별다른 생각 없이 가벼운 마음으로 게임을 선택하고, 즐긴다. 그러나 다른 한편에서는 특정 게임이 출시되기를 손꼽아 기다리는 사람들도 존재한다.

개발사와 프로듀서가 누구인지, 성우와 작곡가는 누구인지, 어떤 게임 엔진을 사용했는지, 전작과는 어떤 차이가 있는지 등 온갖 정보에 귀를 기울인다. 다른 분야의 애호가처럼 게임 경험에 영향을 줄 수 있는 모든 요인들에 주목하며, 좀 더 깊이 있게 예술로서의 게임을 향유하려는 사람들이다.

이 책은 게임을 만드는 사람과 게임이 개발되는 환경에 대한 이야기를 담고 있다. 즉 게임을 깊이 있게 이해하고 즐기려는 독자를 위한 책이라고 할 수 있다. 개발자가 어떤 배경에서 성장해서 게임 업계에 들어왔고, 어떤 의도로 게임을 만들어 왔으며, 그 과정에서 어떤 고민과 갈등을 겪었는지를 인터뷰를 통해 생생하게 전달한다.

〈파이널 판타지〉, 〈드래곤 에이지〉, 〈데드 오어 얼라이브〉, 〈진삼국무쌍〉 같은 익숙한 프랜차이즈의 개발자 인터뷰를 통해서는 대형 스튜디오의 앞선 개발 시스템을 엿볼 수 있다. 〈네버 얼론〉

이나 〈텐가미〉의 개발자에게서는 대형 개발 시스템의 한계와 그들이 대안으로 선택한 독립 개발 스튜디오에 관한 이야기를 들을 수 있다. 그 밖에도 다양한 독립 개발자들의 사례를 통해 그들이 추구하는 독특한 게임관과 예술적 가치와 독립 개발의 현실에 대해 알게 된다. 한편 책의 곳곳에 등장하는 일러스트레이션과 게임 아트는 개발자들의 이야기를 더욱 생동감 있게 느끼게 해주며, 그 자체로 훌륭한 볼거리가 된다.

우리나라의 게임은 생산과 소비의 양적 성장에도 불구하고, 독창성과 다양성에 대한 아쉬움을 남기고 있다. 이런 현실 속에 이 책에서 소개하는 다양한 개발자들의 이야기는 충분히 귀 기울일 가치가 있다고 본다. 독자 제현이 다양한 게임을 즐기고 만드는 과정에 이 책이 조금의 도움이라도 될 수 있기를 희망한다.

조 동 령

차 례

추천의 글

예술의 한 형태로서의 게임, 그것의 진화와 발전을 심도 있게 다루기 위해 열정을 쏟은 매트 세인즈베리에게 감사의 마음을 전하고 싶다. 상호작용성interactivity을 통해 엔터테인먼트의 영역을 확장하려고 한 이들의 동기가 무엇인지 이해하는 일은 분명 가치 있는 주제다.

잘 기획된 게임은 다른 어떤 매체도 할 수 없는 방식으로 청중을 몰입하게 만든다. 나이, 성별, 인종, 국적을 떠나서 수억 명의 사람이 게임을 플레이하는 데에는 그럴만한 이유가 있다고 본다. 비디오 게임은 다른 어떤 예술에도 뒤지지 않는 수준의 시각적, 청각적 경험을 제공한다. 뿐만 아니라 주변을 제어할 수 있는 능력을 부여하면서 플레이어를 행동의 중심에 위치시킨다.

지난 30년간 비디오 게임 업계는 빠르게 성장했다. 이 과정에서 가늠하기 힘들 정도로 많고 다양한 창의성, 비전, 미학의 결과가 쏟아져 나왔다. 짧은 기간 동안, 이렇게 다양하고 포괄적인 형태로 고도의 몰입감을 지닌 경험을 제공한 오락의 형태가 또 있었는지 의문이다. 초기부터 게임 업계는 플레이어가 장대한 모험을 시작하고, 문명을 건설하고, 우주를 탐험하고, 세계 일류 운동 선수가 될 수 있게 해줬다. 그리고 수십억 시간 동안, 수많은 사람들이 복잡한 퍼즐을 풀고, 희귀한 자원을 관리하고, 놀라운 가상 세계를 헤쳐나가기 위한 전략을 만드는 것과 같은 도전과 마주했다.

지난 수년간, 나를 놀라게 만들었던 비디오 게임의 모든 발전을 하나하나 거론하기란 사실상 불가능에 가깝다. 그럼에도 몇몇 게임은 아직도 기억에 남아있다. 게임 컨트롤러가 처음으로 너무나 자연스럽고 매끄럽게 내 의지를 확장시키는 도구가 된 시점을 기억한다. 어두움이 사라지고 갑자기 환해지면서, 그 안에 있던 몬스터가 괴성을 지르며 뛰어나와 나를 놀래게 했던 일도 기억에 남는다. 집에 혼자 있으면서도 인터넷을 통해 게임 속에서 다른 이들과 긴밀히 연결될 수 있다는 사실도 경이로웠다. 플레이어가 컨트롤하지 않는 수많은 캐릭터들이 정확히 할 일을 찾아서 하는 모습은 믿기 어려울 정도였다. 레이싱이나 스포츠 게임을 할 때면, 요즘도 자동차나 선수들의 사실적 묘사에 입이 벌어지곤 한다. 게임이 이끌어내는 다양한 감정과 정신 상태 역시 매우 인상적이다. 놀라움에서 의기양양함, 긴장에서 웃음, 동지애에서 고립감, 좌절에서 성취감, 그리고 당연히 슬픔에서 극단적인 기쁨으로 변하는 경우도 빼놓을 수 없다. 플레이어는 비디오 게임의 능동적인 참가자다. 그래서 다른 수동적 엔터테인먼트에 비해서 다양한 감정이 더 깊고, 더 강렬하며, 더 만족스럽게 나타난다.

2000년도 초반, 전 세계 액티비전Activision 스튜디오들을 관리했을 때, 운이 좋게도 아주 유명한 몇몇 프랜차이즈(몇 가지만 예로 들면 〈토니호크 프로 스케이트보드〉, 〈콜 오브 듀티〉, 〈스파이더맨〉)의 개발에 참여했다. 그리고 미미하지만 게임 개발이라는 예술이 발전하는 데 기여할 수 있었다. 이런 게임에 관여하고, 훌륭한 개발팀과 함께 일하고, 수백만의 사람들이 이 게임을 즐기고 호응한다는 사실에 실로 큰 자부심과 만족감을 느꼈다.

지난 20년간, 업계에서 가장 유능하다고 할 수 있는 사람들 중 몇몇을 알게 되는 기쁨과 영광을 누릴 수 있었다. 그들은 모두 놀라운 독창성과 열정을 지녔다. 훌륭한 게임을 만들기 위해서는 다양한 기술(게임 기획, 아트, 엔지니어링, 리더십)이 필요하다. 그래서 일부 위대한 게임을 가능케 했던 영감은 전혀 다른 분야의 전문성을 지닌, 각국의 다양한 인재들에게서 나왔다. 지난 수년간 훌륭한 게임들이 많이 출시될 수 있었는데, 의심할 여지없이 이런 사실이 도움이 됐다고 생각한다.

게임이라는 매체에는 더 많은 새로운 의견과 다양한 시선을 담을 수 있는 엄청난 기회가 있다. 나는 이를 입증하기 위해 몇 년 전 이라인 미디어 E-Line Media에 합류했고, 내 경력에서 가장 영감을 자극하고, 동기를 불러일으키는 작업이라 할 수 있는, 퍼즐 플랫폼 게임 〈네버 얼론Never Alone〉의 개발에 참여했다. 이라인 개발팀은 극지방 이누피아크Inupiat인들의 전통 구비 설화와 문화를 심도 있게 다룬 게임을 만들기 위해 40명 이상의 알래스카 원주민 스토리텔러와 협업을 진행했다. 게이머와 비평가의 공통된 의견에 따르면, 〈네버 얼론〉은 회복과 상호의존 같은 가치를 고찰함으로써 독특한 반향을 이끌어냈다. 〈네버 얼론〉은 단순히 알래스카 고유 문화에 대한 게임이 아니다. 〈네버 얼론〉은 실제로 알래스카 고유 문화에 의해 만들어진 게임이다.

앞으로 게임 업계가 독특한 문화들이 지닌 풍부함과 긴밀히 교류하고, 그것을 활용하는 데 동참하길 희망한다. 이를 통해 전 세계를 대상으로 하는 복합적이고 놀라운 게임을 만들 수 있다고 믿기 때문이다. 지구상의 많은 문화들에는 저마다 매력적인 전통과 민속적 요소가 있다. 이라인이 말하는 '월드 게임'은 사람들이 경험할 수 없었던 새로운 삶의 방식과 시각을 제공해 주는 좋은 방법이다. 이것은 게임 매체의 경계에서 벌어지는 많은 시도 중 하나일 뿐이다. 그리고 우리가 살고 있는 세계와 모두가 느끼는 감정을 살펴보는 데 게임이 어떻게 활용될 수 있는가를 보여주는 아주 좋은 기회다. 베테랑 개발자들과 참신한 아이디어, 통찰로 무장한 새로운 개척자들이 어떤 게임을 선보일지 벌써부터 기대가 된다. 이들이 앞으로 게임이라는 매체를 더욱 흥미로운 방식으로 발전시켜 나갈 것임을 확신한다.

게임의 아트, 기술, 기획이 발전함에 따라, 인간의 조건을 탐색하기 위한 새로운 방법으로 게임이 지닌 상호작용성을 활용할 것이다. 그리고 이전 세대에서는 상상도 할 수 없던 방식으로 어떤 주제를 다루고, 자신의 생각을 표현할 수 있게 해줄 것이다. 그러나 우리는 여전히 이 새로운 예술 형태인 게임의 초기 단계에 머물러 있다. 왜냐하면 앞으로 벌어질 일들이 훨씬 더 많기 때문이다.

우리에게 어떤 일이 펼쳐질지 몹시 궁금하다.

래리 골드버그(Larry Goldberg)
이라인 미디어 최고운영책임자(COO)

들어가며
게임은 예술이다

인터뷰에서 게임 개발자들은 그동안 밝힐 기회가 없었던 게임의 새롭고 멋진 기능, 작업의 원동력, 아티스트로서 중요하다고 생각하는 주제 등에 대한 질문을 주로 받는다. 그런데 게임은 창의적 도구다. 그리고 점점 많은 기획자들이 매우 개인적인 메시지를 전달하는 수단으로 게임을 활용한다.

이런 추세에 발맞춰, 이 책은 게임이 예술인지 아닌지에 대해 논쟁하지 않는다. 대신 게임이 예술임을 기정 사실로 인정하고, 개발자와 직접 만나 그들의 얘기를 들을 것이다. 독자는 이 책에서 아름다운 게임 아트들을 보게 될 것이다. 그러나 그렇다고 해서 이 책이 게임의 시각적 측면만을 다룬 것은 아니다. 이 책은 아이디어에 관한 책이

다. 각 게임 개발자가 어떻게 자신의 아이디어를 표현했는가에 주목한다.

게임은 아름답다. 세심하게 준비된 음악에 맞춰 펼쳐지는 안무와도 같다. 게임은 변화의 수단이며, 다른 모든 예술 작품처럼, 그것이 주는 재미 이상의 의미를 지닌다.

이 책을 읽고 난 후, 여러분은 자신이 플레이하던 게임을 좀 더 주의 깊게 살펴볼 수 있기를 바란다. 한 사람이 만든 게임인지, 수백 명의 팀이 만든 게임인지는 문제가 되지 않는다. 전혀 깊이가 없어 보이는 게임이 담고 있을지도 모를 더 큰 메시지를 음미해 보자.

아름다운
게임

고요와 경이

독립 개발사 냠얌Nyamyam의 공동 창립자인 제니퍼 슈나이더라이트 Jennifer Schneidereit는 자신의 첫 독립 게임인 〈텐가미Tengami〉를 기획하고 출시했다. 〈텐가미〉는 포인트 앤 클릭point-and-click 방식의 어드벤처 게임이다. 이 게임의 종이접기 공예 스타일의 아트와 밀고 당기는 퍼즐 요소는 팝업pop-up책을 연상시킨다. 업계 베테랑인 슈나이더라이트와 공동 창립자인 필 토셀Phil Tossell은 독립 개발을 위해 지난 2010년

이전 페이지: 〈텐가미〉 게임 아트(료 아가리에(Ryo Agarie))
위: 〈텐가미〉 프로모션 아트(료 아가리에)

제니퍼 슈나이더라이트
스튜디오: 냠얌
위치: 독일
대표작: <텐가미>

안정적인 직장을 그만뒀다. 슈나이더라이트에 따르면 영감을 얻게 된 계기는 단순했다. "필이 대학생들이 학교 프로젝트에서 만든 팝업책 애니메이션을 보고 있었어요. 우리는 어렸을 때 팝업책의 책장을 넘길 때 느꼈던 경이로움에 대한 생각을 나눴지요."

"그렇게 정교한 배경을 만들려면 대체 어떻게 종이를 접어야 하는지 너무나 신기했어요. 정말 아름

다운 배경이었거든요. 팝업책처럼 아름답고 흥미로운 소재가 지금까지 비디오 게임의 모티브로 사용되지 않았다는 사실에 의아했어요. 우리는 팝업책을 기본 게임 메카닉과 설정으로 활용한다면 어떤 게임이 될지 생각하기 시작했어요."

팝업책이 주된 영감이었지만, 슈나이더라이트는 <텐가미>가 아동 취향으로 흐르지 않는 것이 매우 중

요하다고 판단했다. 그래서 그녀와 개발팀은 우선 완벽한 종이 텍스처를 찾아 나섰다. 개발의 첫 단계로는 흔치 않은 선택이며, 사소한 것에 집착하는 모습으로 비춰질 수도 있다. 그러나 올바른 스타일을 찾는 일은 꼭 필요한 과정이었다. 이 과정에서 개발팀은 수십 장의 현란한 색상과 패턴이 있는 종이접기origami용 종이를 스캔했다.

"종이들은 아름다웠어요. 그러나 너무 노골적이고, 요란했어요." 슈나이더라이트가 말했다. "아이들 팝업책에 나오는 전형적인 밝고 화사한 색상을 사용하고 싶진 않았어요. 우리가 원한 것은 고요하고, 사색할 수 있는 톤이었거든요. 우리 컨셉에 맞는 좀 더 세련된 무엇이 필요했어요."

"테스트를 거듭했죠. 결국 표면에서 간간히 흠을 발견할 수 있는 종이를 찾아냈어요. 종이는 매우 간결했지만, 한편 매우 강렬했고 우리를 끌어들였어요. 그 종이에는 고요하고 사색적이며 우리가 찾고 있던 모든 특징이 담겨 있었어요."

고요한 어드벤처 게임

종이 텍스처가 선택된 다음, 게임 메카닉에 대한 기획을 시작했다.

"초기에는 팝업책을 염두에 두고, 단편적 플레이에 대한 테스트를 주로 진행했습니다. 처음에는 다소 빠른 템포의 게임을 생각했어요. 캐릭터가 점프하며 달려가고, 플레이어는 책을 이용해서 플랫폼을 열고 닫는 방식의 게임이었어요." 슈나이더라이트가 설명했다.

"많은 시간을 들여 게임 일부를 프로토타입으로 구현했습니다. 그러던 어느 날, 모여 앉아서 우리 게임을 분석했어요. 우리의 방향성으로는 팝업책의 장점을 최대한 끌어낼 수 없다는 사실을 깨달았어요. 사람들은 아름다운 팝업책과 함께 시간을 보내요. 천천히 페이지를 넘기며, 눈앞에 펼쳐지는 것을 감상하는 것이죠. 결국 그때까지 개발된 모든 것을 버리기로 했어요. 우리가 원했던 느낌을 전달하지 못했기 때문이었습니다. 처음으로 돌아가서 모든 것을 다시 살펴보기로 했어요."

두 번째 시도부터 게임이 현재의 모습을 갖추기 시작했다.

이 게임이 나중에 〈텐가미〉라는 이름으로 출시된다. 〈텐가미〉는 플레이어가 자신이 원하는 페이스에 따라 세상을 탐험할 수 있는, 고요한 어드벤처 게임이다. 생각할 겨를도 없이 쫓기며 달려가는 게임이 아니다. 이 게임의 고요한 분위기는 다른 한편으로 일본인들이 전통 종이접기 공예에 대해 품는 경건한 마음을 반영한다. 슈나이더라이트는 바로 이 부분을 게임 플레이 안에 확실히 담기 위해 노력했다. 일본 종이접기 공예 이면에 있는 강렬한 정서와 정신은 한 어린 소녀의 이야기를 통해 가장 함축적으로 설명된다.

미국은 2차 대전을 끝내기 위해 히로시마와 나가사키에 원자 폭탄을 투하했다. 원폭의 결과로 많은 사람들이 고통을 받았고, 그중에는 당시 2세였던 사다코 사사키가 있었다. 사사키는 12세가 되던 해에 백혈병 진단을 받았다. 병상에 있던 어린 소녀는 어떤 전설에서 영감을 받는다. 그 전설에 따르면, 천 마리의 학을 접어서 학이 상징하는 충심과 헌신을 보여준다면, 한 가지 소원을 빌 수 있는 자격을 갖추게 된다. 사사키는 세계의 평화를 기원하며 종이학을 접기 시작한다.

그녀는 천 마리의 학을 접기 전에 세상을 떠난다. 그러나 그녀의 뜻을 기리기 위해 학급 친구들이 나머지 종이학을 접었고, 결국 그녀는 천 마리의 학과 함께 묻혔다. 그녀의 묘비에는 다음과 같이 쓰여있다. '이것은 우리의 울음이며, 우리의 기도다. 이 세상에 평화가 가득하길 기원한다.'

종이접기는 인내, 숙고, 한결 같은 집중에 관한 것이다. 슈나이더라이트의 팀은 〈텐가미〉를 빠르거나 복잡한 게임으로 만든다면 종이접기라는 예술을 제대로 담아낼 수 없다는 사실을 깨달았다.

서양과 만난 동양

슈나이더라이트는 일본과 유럽의 스튜디오 모두에서 게임을 개발한 경험을 갖고 있다. 독일에서 나서 자란 그녀는 일본의 어콰이어Acquire 스튜디오에서 경력을 시작했다. 어콰이어는 많은 게임을 개발했는데, 그녀는 그곳에서 〈시노비도: 웨이 오브 더 닌자Shinobido: Way of the Ninja〉와 개방형 월드 기반의 어드벤처 게임인 〈웨이 오브 더 사무라이 3Way of the Samurai 3〉 개발에 참여했다. 그녀는 어콰이어를 퇴사하고 영국으로 이주했다. 필토셀과 독립 개발을 시작하기 전까지 그곳에 있는 레어Rare 스튜디오에서 〈키넥트 스포츠Kinect Sports〉 개발에 참여한다. 이런 경험으로부터 그녀는 두 문화 모두에 대한 이해를 얻게 된다.

"일본에서는 자신이 게임 기획자라는 사실을 훨씬 즐겁게 받아들입니다. 그들은 게임에서 작은 농담이나 짧은 순간에 집중하는 경향이 있어요. 이에 비해 서구의 게임은 큰 이야기와 결정적 순간에 집중합니다. 현재는 서구 게임의 비즈니스 모델이 더 큰 성공을 거두고 있어요. 청중을 작은 순간들에 집중하고, 그것을 감상하게 만들기가 훨씬 어렵기 때문이죠. 헐리우드 영화가 큰 성공을 거두는 이유도 마찬가지예요."

"이제 서로 다른 두 업계에서 배운 경험을 하

다음 페이지: 〈텐가미〉 컨셉 아트(남암)

나로 합치려고 시도하고 있습니다. 큰 그림을 잃지 않으면서 작은 순간들을 담아내는 노력 같은 것 말이에요. 쉽지 않은 일이에요. 각각의 작은 순간과 너무 깊은 사랑에 빠지면, 끝에 가서 완성도 있는 전체적 경험을 만들기가 매우 어렵거든요."

슈나이더라이트가 일찍부터 일본 문화와 친숙하게 된 계기는 비디오 게임이었다. "90년대에 어콰이어가 만든 닌자 액션 게임인 〈천주Tenchu〉의 팬이었

습니다. 〈천주〉 같은 옛 게임들이 새롭게 흥미를 자극했죠. 그 당시 〈천주〉를 플레이할 때는 일본의 문화나 역사에 대해 아는 바가 전혀 없었어요. 그래서 관련된 책을 읽기 시작했고, 일본에 살겠다는 생각에까지 이르게 됐어요."

모험의 동기

슈나이더라이트는 스튜디오 시스템을 벗어나기 위해

경제적 모험을 감수했다. 언제나 창작의 자유를 원했기 때문이었다.

"대형 스튜디오에서 좋은 시간을 보냈어요. 그러나 그곳에서 게임을 만들려면 많은 타협과 정치가 필요했습니다." 그녀가 말했다. "여전히 AAA급 게임에 대한 미련을 갖고 있어요. 기존의 어떤 게임보다 뛰어난 새로운 세계를 창조해 낼 수 있다고 스스로 믿고 있는 것 같아요. 그러나 그러기 위해서는 새로

AAA급 개발사를 차리거나, 기성의 AAA급 개발사에 들어가야 해요."

"〈키넥트 스포츠〉의 개발을 마쳤을 때, 당분간은 레어에서 비슷한 종류의 게임만 만들 것이란 사실이 거의 확실했어요. 속편을 만드는 일은 사실 조금은 지루해요. 이때부터 새로운 스튜디오를 만들고, 저축을 써서 흥미롭고 완성도 있는 게임을 만드는 모험이 정말 불가능한 일인지 필과 논의하기 시작했어요."

〈텐가미〉 컨셉 아트(남암)

슈나이더라이트에 따르면 독립 개발을 선택한 이유가 창작의 자유 때문만은 아니었다. 현대 블록버스터 게임의 단순한 성공 공식이 그녀를 점점 지치게 만들었던 것이다. 물론 많은 게임이 역사, 문화적 전통, 신화에 의존한다. 그러나 플레이어가 직접 이런 요소를 발견하고 조사하고 스스로 의미를 찾도록 배려하기보다는, 일방적으로 보여주는 경우가 대부분이다. 〈텐가미〉는 일본의 예술적 전통에서 영감을 받았지만, 참조하는 대상을 노골적으로 드러내진 않는다.

"〈툼 레이더Tomb Raider〉 프랜차이즈의 진화를 보세요." 그녀가 지적했다. "첫 〈툼 레이더〉에는 직접적으로 설명하지 않는 그리스 신화에 대한 참조가 가득했습니다. 게임을 즐기기 위해서 그리스 신화 전문가일 필요는 없어요. 그러나 게임의 배경과 문맥을 완전히 이해하기 위해서는 약간의 공부가 필요했어요. 공부를 하면 게임의 문맥을 더 깊이 있게 이해할 수 있거든요. 따로 밝혀낼 미스터리 같은 것이 없는 최근의 〈툼 레이더〉와 대비되는 부분입니다. 근래의 인기 게임들은 저의 상상력을 그다지 자극하지 못하는 것 같아요."

그녀는 이런 추세가 쉽게 변하지는 않으리라 예상한다.

"현재의 게임은 너무 노골적이고, 한 입 크기로 잘게 쪼개져 있어요. 게임을 완전히 즐기기 위해 알아야 할 모든 사항들을 하나하나 설명해 주지요. 이제는 사람들도 그것을 원합니다. 제가 최근 게임들에 빠져들지 못하는 이유가 바로 그 때문이에요."

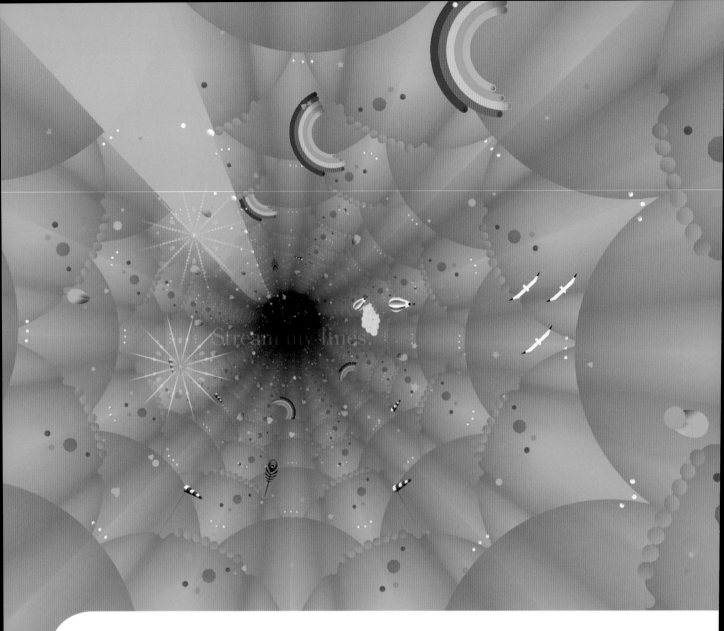

이야기를 하다

오리아 하비Auriea Harvey와 미카엘 사민Michael Samyn은 독립 게임 개발 스튜디오 테일 오브 테일즈Tale of Tales의 소유주 겸 운영자다. 이들은 스스로에게 '아름다움과 재미의 공급 업자Purveyors of Beauty and Joy'라는 독특한 직함을 부여했다. 흔치 않은 직함이 시사하듯, 이들은 업계에서도 가장 다채로운 포트폴리오를 갖고 있을지도 모른다. 〈더 그레이브야

〈룩스리아 슈퍼비아〉 게임 아트(테일 오브 테일즈)

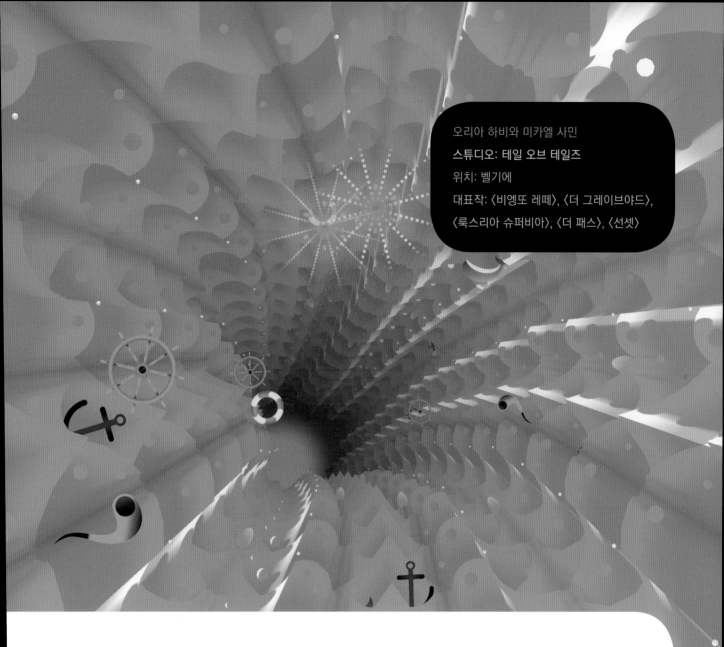

오리아 하비와 미카엘 사민
스튜디오: 테일 오브 테일즈
위치: 벨기에
대표작: 〈비엥또 레떼〉, 〈더 그레이브야드〉,
〈룩스리아 슈퍼비아〉, 〈더 패스〉, 〈선셋〉

드The Graveyard〉는 단순하지만 삶과 죽음에 대한 감동적인 고찰을 담고 있다. 반면 게임에서 플레이어들 간의 의사 소통의 본질을 탐구하는 〈비엥또 레떼Bientôt l'été〉는 프랑스의 작가이자 영화 감독인 마르그리트 뒤라스Marguerite Duras의 작품에 대한 헌정을 담고 있다. 한편 〈룩스리아 슈퍼비아Luxuria Superbia〉는 감각적 쾌락에 관한 전혀 다른 게임이다.

그러나 그들의 모든 게임은 자신들의 일에 대한 독특한 생각을 반영하고 있다.

"우린 아름다운 것을 만들고 싶고, 모두가 그 아름다움을 이해할 수 있기를 원합니다. 장애물은 가능한 한 모두 허물어 버리고 싶습니다." 사민이 말했다.

"아름다움을 재현하는 여러 방법이 있습니다. 어떤 방법은 시각적이고, 어떤 방법은 청각적이지요. 또 다른 방법은 감정을 나타내는 것입니다. 아름다움은 언제나 우리의 핵심 컨셉이었습니다. 무언가를 쏴서 맞추고, 적에게 달려드는 내용을 게임에 넣지 않는 이유입니다. 이런 요소들은 아름다움으로 가는 길에 장애물이 되곤 하거든요."

새로운 질문

하비와 사민은 처음에는 웹사이트를 만드는 일을 했다. 그러나 점점 싫증을 느꼈고, 아름다움에 대한 생각을 상호작용적 매체로 가져가기 위한 기회를 찾기 시작했다.

"우리는 게임을 만들기로 결심했습니다. 예술적이면서도 상호작용적인 무엇을 대중에게 선보이고 싶었어요." 하비가 말했다. "우리가 만든 웹사이트는 이미 상호작용적이었습니다. 그리고 웹사이트도 예술이 될 수 있다고 봤습니다. 자연히 게임 제작이 과연 얼마나 어려울까라는 생각을 했어요. 이렇다 할 계획도 없었어요. 단지 게임에 많은 가능성이 있다는 막연한 생각만 있었죠."

"우리는 게임을 하면서 답을 알 수 없는 많은 질문을 하곤 합니다. 게임들은 왜 이렇게 서로 닮았을까? 게임들은 왜 장르에 따라 이렇게 깔끔하게 구분될까? 게임이라는 매체는 아주 다양한 스펙트럼의 내용을 담을 수 있는데, 왜 게임은 생각보다 다양하지 못할까?"

"이런 질문에 대한 답을 구하기 위해 연구 보조금을 받아서 2년간 게임 기획을 연구했습니다. 컨퍼런스에도 다녔고, 많은 개발자와 얘기도 나눴습니다. 그리고 프로토타입을 만들어 테스트를 진행했습니다. 처음에는 답을 찾을 수 없었어요. 게임은 원래 그런 것이 아닌가 했어요. 그런데 이제는 다른 사람들도 우리와 같은 질문에 대한 답을 찾고 있습니다."

시류를 거스르며

사민과 하비는 자신들의 질문에 답을 구하기 위해 게임의 한계를 시험하고, 정치적, 사회적으로 민감한 소재를 다루는 일을 마다하지 않는다. 예를 들어, 〈선셋Sunset〉은 어떤 독재 국가에 있는 호화스런 저택에서 벌어지는 1인칭 탐험 게임이다. 플레이어는 주인의 물건을 뒤질 수밖에 없는 가정부 역할을 맡는다. 결국 플레이어는 독재자에 대한 반란 계획을 알게 된다. 그리고 더 많은 것들을 알게 됨에 따라, 게임 속에서 정치적 신념과 부와 권력에 대한 태도를 시험하는 사건들을 경험하게 된다.

이들 '아름다움과 재미의 공급업자'는 또 다른 방식으로 상식에 도전한다. 심지어 플레이어로서

오른쪽 페이지: 〈선셋〉 프로모션 아트(테일 오브 테일즈)

말이다. 예를 들어, 사민은 1년 동안 게임에서 어떤 가상의 생명체도 죽이지 않겠다는 신년 계획을 세웠다. 그처럼 게임을 즐기는 사람에게는 진정한 도전일지 모른다. 결국 자신과의 약속을 지켜냈지만, 정말 힘든 일이었다. 게임 업계는 상대적으로 제한된 범주의 게임 경험만을 제공하는 경향이 있다. 대중 입장에서 만약 그 범주 밖의 경험을 원한다면, 선택할 수 있는 대안은 그리 많지 않다.

"게임 업계에는 이런 말이 있습니다. '게임 업계는 게이머를 위한 게임을 만든다. 그 밖의 사람들은 신경 쓰지 않는다.'" 사민이 말했다. "게임을 즐기는 사람이 늘어나고 있습니다. 그러나 여전히 게임을 하거나, 또는 게임을 하지 않는다는 이유로 다른 세상과 단절되는 것이 현실이죠. 처음 게임을 만들 때부터 이런 현실은 우리를 힘들게 했습니다. 항상 게임을 하지 않는 사람들을 위한 게임을 만들고 싶다고 말해 왔어요. 그러나 업계가 너무나 극단적이기 때문에 때로는 우리 생각대로 게임을 만들었다가는 아무도 우리 게임을 하지 않을 것 같다는 생각이 들기도 합니다."

사민에 따르면 테일 오브 테일즈와 같은 개발자가 겪는 어려움은 그들의 게임이 너무 복잡해서 생긴 문제가 아니다. 오히려 너무 단순해서 발생한 문제다.

〈더 패스The Path〉는 동화 『빨간 모자Little Red Riding Hood』를 초현실주의적으로 재해석한 게임이다. 이 게임에서 플레이어는 할머니 집에 가기 위해 숲 속을 헤매는 여러 소녀 중 하나를 플레이한다. 소녀는 숲에 늑대가 있으니 길에서 벗어나지 말라는 얘기를 듣는다. 아주 단순한 게임처럼 들린다. 그러나 〈더 패스〉는 정작 지시를 따른 플레이어에게 불이익을 준다. 얌전히 길을 따라가면 할머니 집에 도착하고, 집으로 돌아온다. 그러나 실패했다는 메시지가 뜬다. 플레이어는 규칙을 깨고, 모든 소녀를 길에서 벗어나, 각각의 늑대를 만나게 할 때 성공적인 결말을 볼 수 있다. 더욱이 게임은 각 소녀의 성공 여부를 다르게 판정한다. 게임이 이런 비밀을 알려 주기 전에, 각 캐릭터를 길에서 벗어나게 만들어야 한다.

〈더 패스〉는 우리가 규칙을 따르며 안주하는 경향("정해진 길을 벗어나지 않으면 안전할 거야.")이 있다는 사실을 다룬다. 그러한 순응이 자신이나 주변 세계에 대한 참된 이해를 가로막을 수 있다. 이 단순한 게임은 이와 같은 방식으로 도발적인 주제를 이야기한다.

Steel wool to

lean the rust

강력하지만 까다로운 매체

전통주의자들이 테일 오브 테일즈의 포트폴리오가
지닌 가치에 의문을 품고 있음에도 불구하고, 사민
과 하비는 자신들의 상호작용적 스토리텔링 스타일
이 경험과 아이디어란 측면에서 아티스트와 플레이
어 모두에게 통할 수 있다고 굳게 믿는다. 그러나 게
임 개발에서 아티스트가 마주하는 한 가지 어려움이
있다. 게임 제작이 어떤 상상력도 없어 보이는 일군
의 규칙에 기반한, 수학적 공정이라는 사실이다. 어
떤 사람에게는 이런 규칙 안에서 자신의 창의적 비전
을 구현하는 일이 매우 어렵게 느껴질 수 있다.

"끔찍한 일이에요." 사민이 웃으며 말했다. "정
말로 창의적이 되고 싶을 때면, 프로그래밍의 경직
성 덕분에 항상 어떤 막다른 벽을 마주한 느낌을 받
곤 합니다. 아티스트에게는 아티스트만의 복잡한 논
리가 있어요. 프로그래머와는 다른 방식으로 머리가
돌아갈 뿐이죠. 아마도 이런 이유 때문에 아티스트적
관점에서 보면 흥미로운 게임이 많지 않은 것 같습니
다."

게임 개발이 제공하는 수많은 가능성에도 불구하
고, 게임 개발은 아티스트가 작업에 접근하는 방식을
근본적으로 바꿔버린다. 책이나 영화는 대중에 의해

〈비엥또 레떼〉 게임 아트(테일 오브 테일즈)

해석되지만, 기본적으로는 작가나 감독이 서사의 틀을 잡고, 작품이 선보여지는 방법을 통제한다. 이와는 달리 게임이 제공하는 경험은 플레이어와 아티스트 간의 대화에 가깝다.

"가끔은 우리가 만드는 것이 작품의 절반이 아닐까 하는 생각이 들어요." 사민이 말했다.

"플레이어는 영화나 책을 감상할 때처럼 작품을 완성시키는 상상력을 갖고 있으며, 동시에 능동적으로 서사 자체를 바꿀 수도 있습니다. 우리는 플레이어가 스스로를 표현하고, 기분에 따라 다른 일들을 선택할 수 있도록 최대한 게임을 풍성하게 만들려 합

니다. 책이나 영화처럼 게임을 일방적으로 마무리 지을 수는 없다는 의미죠."

아티스트와 플레이어 간의 연결은 테일 오브 테일즈의 창작에 핵심적 가치다. 이 가치가 하비와 사민으로 하여금 게임 개발의 가능성과 한계를 넘나들도록 자극한다. 이 과정에서 이들은 다양하고 흥미로운 게임을 개발했다. 이 게임들은 흔히 접할 수 있는 게임의 틀을 벗어나, 플레이어로 하여금 게임과 스스로에 대한 이해를 탐색하게 한다.

〈비엥또 레떼〉 게임 아트(테일 오브 테일즈)

그림자 속으로

컴펄전 게임즈Compulsion Games가 〈컨트라스트Contrast〉를 만들었을 때, 창립자 기욤 프로보Guillaume Provost의 스튜디오는 8명으로 이뤄진 팀이 전부였다. 그러나 그들이 만든 〈컨트라스트〉는 약간의 행운이 더해지며 백만 명 이상이 플레이한 게임이 된다.

소니는 새로운 플레이스테이션 4 프로모션의 일환으로 플레이스테이션 플러스 프로그램에 가입하는 고객에게 일부 게임을

〈컨트라스트〉 컨셉 아트(휘트니 클레이튼(Whitney Clayton))

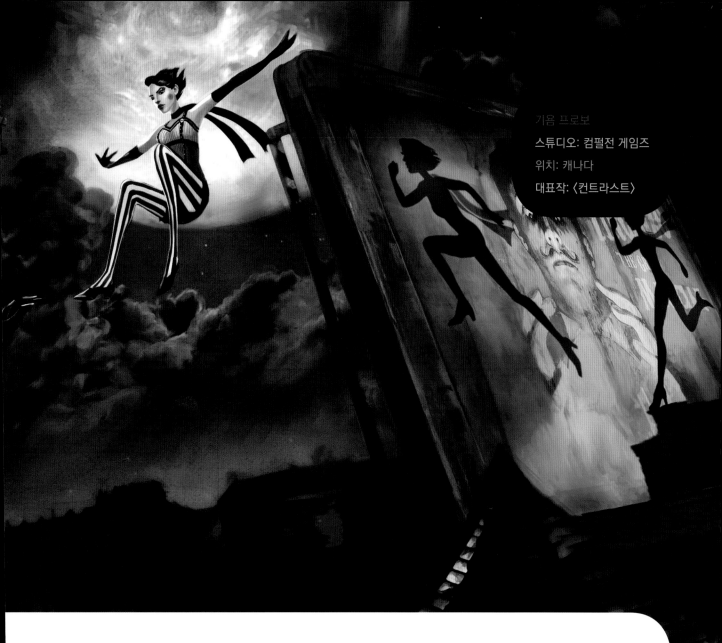

기욤 프로보
스튜디오: 컴펄전 게임즈
위치: 캐나다
대표작: 〈컨트라스트〉

무상으로 제공했다. 그런데 프로모션의 첫 게임으로 준비한 〈드라이브클럽Driveclub〉의 출시가 연기되자, 소니는 컴펄전 게임즈와 접촉했다. 그 결과 〈컨트라스트〉가 수많은 플레이스테이션 구매자에게 제공될 수 있는 기회를 얻었다.

"〈컨트라스트〉 같은 프로젝트가 이 정도로 노출될 기회를 얻는 경우는 흔치 않습니다. 이건 아주 좋은 기회였어요. 평상시라면 우리 게임을 구매하지 않을 많은 사람들에게 새로운 경험을 제공할 수 있었기 때문입니다." 프로보가 설명했다. "〈콜 오브 듀티Call of Duty〉나 여타 블록버스터 게임만 플레이해봤을 플레이어에게 다가갈 수 있는 기회였어요."

〈컨트라스트〉는 플레이스테이션 4의 게이머층을 확장시켜줄 수 있는 게임이었다. 출시 전, 프로보는

이 게임을 유명 게임 컨퍼런스인 팍스PAX에 선보였고, 생각하지 못하고 넘어갔던 관객층을 발견한 일을 떠올렸다. "어느 순간 주위를 둘러봤습니다. 우리 부스 앞에 있던 사람의 90퍼센트는 여성이었어요." 그는 웃으며 말했다. "팍스에서 우리 게임은 여성들이 사랑한 몇 안 되는 게임 중 하나였습니다. 예상치 못했던 반응이었어요. 그러나 생각해보면 그럴만한 이유가 있었어요. 〈컨트라스트〉 개발팀 절반이 여성이었거든요. 그래서 게임에서 여성 특유의 손길이 조금 더 느껴졌던 것 같습니다. 아트 디렉터인 휘트니 클레이튼 Whitney Clayton 덕분에 특히 시각적 측면에서 그런 느낌을 줬을 거예요."

다른 시점

〈컨트라스트〉는 1920년대 느와르풍 도시를 배경으로, 불우한 가정 출신의 어린 소녀 디디Didi의 이야기를 다룬다. 디디의 아버지는 무능한 가장이며, 어머니는 카바레 가수다. 그러나 그녀에게는 돈Dawn이라 불리는, 목소리 없는 상상 속 친구가 있다. 돈은 디디가 의지할 수 있는 유일한 대상이다.

흥미롭게도 플레이어는 디디가 아닌 돈을 플레이한다. 게임 속 다른 사람들이 돈을 볼 수 없듯이, 돈 역시 다른 사람을 볼 수 없다. 돈의 시점에서는 전 세계에 오직 디디와 그림자만이 존재한다.

돈이 된 플레이어는 주변에서 펼쳐지는 사건에 영향을 줄 수 있는 능력이 제한된다. 종종 당신이 할 수 있는 일은 그냥 지켜보는 것이 전부다. 예를 들어, 당신은 그림자를 조작해서 디디가 위험에서 벗어나도록 도와줄 수 있다. 그러나 디디의 아버지가 어떤 멍청한 일을 벌이는 것을 막지는 못한다.

돈의 세계는 어떤 것도 확신할 수 없는 세계다. 심지어 돈 자신의 존재조차 확신할 수 없다. 당신은 돈의 시점에서, 돈이 바라보는 것을 경험한다. 그러나 돈 역시 열 살짜리 소녀의 시점을 통해 세상을 바라본다. 이런 의미에서 돈은 신뢰도가 극히 떨어지는 화자narrator라고 할 수 있다. 따라서 플레이어 입장에서는 주변에서 실제로 벌어지는 일이 무엇인지 계속 생각해야 한다. 신뢰할 수 없는 화자가 문학에서는 흔한 장치일지 몰라도, 게임에서는 여전히 드문 설정이다. 그러나 프로보는 이 장치를 통해 플레이어가 바라보는 것에 의문을 갖고, 나아가 볼 수 없는 것까지 궁금해 하길 의도했다.

"우리는 캐릭터 안에 미스터리를 창조하고 싶

었습니다." 그가 말했다. "플레이어가 주변에서 벌어지는 일에 대해 의문을 갖고, 스스로 빈 간극을 채워야 할 정도의 복잡한 세계를 만들고 있다는 사실이 마음에 들었어요. 이 게임의 스토리에 대한 아주 흥미로운 해석들이 나와 있습니다!"

돈의 신비로운 특징은 플레이어의 호기심을 자극한다. 그러나 게임 속 다른 캐릭터들은 돈과 서로 영향을 주고받을 수 없다. 이런 이유에서 프로보와 개발팀은 돈, 확장하면 돈을 플레이하는 플레이어를 이야기의 중심에 둘 수 없었다. 대신 주역은 다른 캐릭터가 맡아야 했다.

"이야기의 주인공은 플레이어가 아닌 디디라고 할 수 있어요." 프로보가 설명한다. "그러나 플레이어들은 돈에 대해 더 많은 정보를 원했고, 이런 상황에서 디디를 주인공으로 유지하기란 쉽지 않았어요. 그래서 개발팀이 디디가 하고 있는 일에 초점을 맞추도록 지속적으로 주의를 기울였습니다."

미스터리적 요소를 만들겠다는 프로보의 의도에 따라, 몇몇 영화가 〈컨트라스트〉에 영향을 줬다. 이 게임의 핵심 메카닉은 그림자를 사용하는 돈의 능력이다. 돈은 사람이나 건물 등의 그림자를 플랫폼으로 활용해서 일반적으로는 갈 수 없는 곳도 다다를 수 있다. 그림자가 차지하는 비중

이 너무 크기 때문에, 개발팀은 느와르 영화를 토대로 이야기를 만들어 나갔다. 느와르 영화는 스타일적 장치의 일환으로 그림자를 적극 사용하기 때문이다.

"느와르 외에도 몇몇 영화에서 영감을 얻었습니다." 프로보가 말했다. "우리는 팀 버튼의 영화를 사랑합니다. 전반적 형태나 캐릭터 디자인에서 그의 설정을 참조했습니다. 이야기의 구조라는 측면에서는 《잃어버린 아이들의 도시》와 《아멜리에》를 만든 장피에르 주네에게 영감을 받았습니다. 《판의 미로》는 현실에서 도피하기 위해 주인공이 자신만의 판타지를 만든다는 설정이 도움이 됐습니다."

캐릭터 주변에서 벌어지는 일을 현실 도피를 위한 판타지로 생각하는 것보다는 현실로 확신할 수 있는 편이 대개는 훨씬 편안하다. 자신이 보고 상호작용하는 것들을 사실이라 확신할 수 없다는 생각은 해석이 필요한 혼란스러운 경험이 만들어낸다. 〈컨트라스트〉를 제대로 플레이하기 위해서는 편하게 앉아서, 아무 생각 없이 게임을 따라다녀서는 곤란하다.

오른쪽 페이지: 〈컨트라스트〉 컨셉 아트(휘트니 클레이튼)

난관을 헤치며

〈컨트라스트〉는 소니의 월간 구독 서비스를 통해 홍보됐다. 새롭고 낯선 개발사였던 만큼, 무료배포를 통해 평소라면 이 게임을 플레이하지 않았을 많은 사람들에게 게임을 알릴 수 있었다. 수십만의 사람들이 프로보의 게임을 내려받은 것은 분명히 큰 도움이 됐다. 그러나 이런 류의 게임에 익숙하지 않은 사람들의 기대를 충족시키는 일은 일종의 난관이 됐다.

"이 게임의 크기나 규모를 놓고 대중과 기자들 사이에 약간의 오해가 있었습니다. 기대를 충족시켜야 하는 입장에서는 겁을 먹을 수밖에 없었습니다. 우린 고작 여덟 명으로 구성된 팀이었어요. 〈드라이브 클럽〉에 얼마나 많은 개발진이 있는지는 모르겠습니다. 그러나 최소한 여덟 명 이상은 될 거예요."

초반의 일부 비판적 견해에도 불구하고 프로보는 〈컨트라스트〉가 흥행에 성공한 예술영화처럼 기억될 것이라 확신한다. "수많은 사람이 이 게임을 플레이했습니다. 처음 개발을 시작할 때는 상상도 못했던

〈컨트라스트〉 컨셉 아트(휘트니 클레이튼)

결과였죠. 우리 팀은 다른 많은 게임들이 할 수 없었던, 그리고 꿈꾸지 못했던 것을 이뤘다고 인정받고 있습니다."

영원한 독립 개발

프로보는 수십 명 이상으로 구성된 개발사에서는 일한 경험이 없다. 컴펄전 게임을 세우기 전에 〈셀 데미지Cel Damage〉 같은 타이틀에는 참여했지만, 결코 AAA 타이틀에 참여하길 바랐던 적은 없다.

"개발사가 커지면, 자신들이 만드는 지적 재산물에 대한 창의적 제어가 힘을 잃게 됩니다." 프로보가 설명했다. "디지털 배급이 등장해서 고비용, 고경쟁의 소매 모델 없이도 게임을 판매할 수 있는 환경이 마련되기 전까지는 특히 그랬습니다. 디스크 기반의 게임을 만들 때는 수십만 장을 팔아서 손익분기점을 넘겨야 했어요. 제겐 매우 지치는 과정이었습니다."

"그런 시장에서는 모든 사람에게 언제나 호소할 수 있는 게임을 위해서 아이디어를 희석해야만 했습니다. 2000년도 후반에 이르자 창의적이고 흥미 있는 게임을 만들기가 더 어려워졌어요. 당시의 유행이 무

엇이건, 유행에 따른 최고의 게임을 만들어야 했습니다. 현재 대형 퍼블리셔들이 출시하는 게임처럼 말이죠. 이런 상황이 점점 견디기 어려웠습니다."

프로보가 처음 〈컨트라스트〉를 개발했을 때만 해도, 업계의 모습은 지금과 많이 달랐다. 게임이 개발되고 출시되기 위해서, 독립 개발자들은 여전히 퍼블리셔의 도움이 필요했다. 업계가 극도로 모험을 꺼리던 시기였기 때문에, 그로서는 당연히 큰 회사의 관심을 받기 위해 노심초사했다.

그때를 회상하며 프로보가 웃음을 터트렸다. "대형 퍼블리셔의 사무실에 찾아가 프레젠테이션을 했던 일이 기억납니다. 1920년대를 배경으로, 작은 소녀의 환상 속 친구를 플레이하며, 그림자를 다루는 이상한 게임에 대해 설명했지요. '와우, 뭐라고?'라는 반응이 돌아왔습니다. 창작의 방향을 바꿔야 할지 진지하게 고민했고, 과연 게임을 이대로 출시해도 될지 확신이 없었습니다."

그러나 업계가 변했다. 스팀Steam, 엑스박스 라이브Xbox Live, 플레이스테이션 네트워크PlayStation Network, 닌텐도 이샵Nintendo eShop 같은 플랫폼이 등장한 것이다. 개발자가 전통적 퍼블리싱 모델에서 벗어나, 스스로 자신의 게임을 퍼블리싱하는 일이 가능해졌다. 여전히 AAA급 블록버스터의 매출을 뛰어넘기는 힘들다. 그러나 작은 개발

자로서 팬층을 형성하고, 지속적인 사업 모델은 구축할 수 있는 매출을 올리는 것은 가능해졌다.

이 플랫폼들은 게임 업계가 필요로 하는 색다르고 창의적인 아이디어를 촉진하는 역할을 했다. 〈마인크래프트Minecraft〉, 〈저니Journey〉, 〈림보Limbo〉, 〈브레이드Braid〉 같은 게임은 컴펄전 같은 개발사가 자신의 창의적 비전에 자신감을 갖게 했다. 업계의 상황도 함께 좋아졌다. 만약 독립 개발의 이런 성공 사례가 없었다면, 소니가 무료 배포의 대상으로 〈컨트라스트〉같이 흥미롭고 독특한 게임을 선택하지 않았을지도 모른다.

프로보는 자신이 운이 좋다고 생각하며, 앞으로의 전망도 낙관한다. "이 모든 것이 시장이 열리고 있다는 증거입니다. 독립 개발자들은 철옹성 같은 기존의 질서에서 벗어나 창의적 게임에 대한 요구를 충족시킬 수 있습니다." 그는 덧붙였다. "이는 상업적, 예술적 측면 모두에서 업계에 긍정적인 일이 될 겁니다."

초자연적인

그리고

초현실적인

비극을 공포로

〈령: 붉은 나비Fatal Frame II: Crimson Butterfly〉(프로젝트 제로 2Project Zero 2로도 알려져 있다)는 게임 역사에서 손꼽히는 호러 명작 중 하나다. 이 게임은 인간의 근원적 공포를 자극하고, 끔찍한 이미지, 간담을 서늘하게 하는 유령, 숨이 멎을 듯한 놀라움을 선보인다. 그러면서도 일본 호러 장르의 핵심 요소라고 할 수 있는 비극적 이야기를 담고 있다.

이전 페이지: 〈령: 붉은 나비〉 게임 아트(코에이 테크모 게임즈(Koei Tecmo Games))
위: 〈디셉션 4 (Deception IV)〉 게임 아트(코에이 테크모 게임즈)

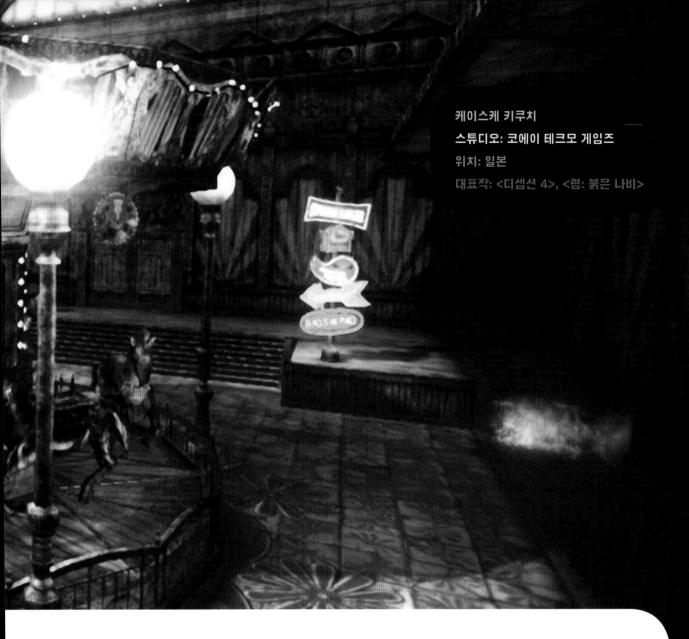

케이스케 키쿠치
스튜디오: 코에이 테크모 게임즈
위치: 일본
대표작: <디셉션 4>, <령: 붉은 나비>

〈령Fatal Frame〉 시리즈의 프로듀서인 케이스케 키쿠치Keisuke Kikuchi는 어긋난 대칭이라는 컨셉에 매료됐고, 이를 〈령: 붉은 나비〉 서사의 중심에 있는 주제로 삼았다.

"게임 부제를 바로 여기서 따 왔습니다." 키쿠치가 설명했다. "나비의 대표적인 특징은 왼쪽과 오른쪽, 두 날개가 대칭을 이룬다는 점입니다. 이 균형이

찢겨졌을 때 오는 비극과 공포에 대해 궁리하고 생각해 봤습니다."

"그래서 우리는 헤어져 살아야 했던 쌍둥이 자매의 이야기를 만들기로 결정했습니다. 쌍둥이 자매는 둘이 함께 생을 시작하고, 평생 서로에게 마음이 끌리는 관계입니다. 그러나 슬프고 비극적이게도, 서로 충돌할 수밖에 없는 두 쌍둥이 자매의 운명은 흘러가

게 되죠. 외로움과 불완전함은 공포스러운 경험입니다."

마인드 게임

〈령: 붉은 나비〉는 유령이 있는 마을에 들어가야 하는 쌍둥이 자매, 마유와 미오의 이야기를 다룬다. 악의 힘이 밖으로 나가는 것을 막기 위해서, 마을의 고통받는 유령들은 충격적인 희생물을 요구한다. 언니가 동생을 죽이지 않으면 세상에 파멸이 온다는 것이다. 선택은 언니의 몫이다. 이런 선택이 주는 감정적 무게는 《할로윈》 같은 슬래시 영화와는 전혀 다른 분위기를 〈령: 붉은 나비〉에 부여한다.

스타일상의 또 다른 차이는 문화적인 것이다. 키쿠치는 설명한다. "영혼과 유령은 단순한 괴물이 아닙니다. 일본의 많은 이야기나 속담에서 유령은 이 세상에서 무언가를 완성하지 못하고 떠난 사람들이에요. 회한을 남기고 죽으면 유령으로 나타난다는 믿음이 있거든요. 일본의 호러 장르가 괴기스러움보다 비극에 초점을 맞추는 이유가 바로 이 때문입니다."

일본의 호러는 미지의 대상에 대한 공포를 활용하는 경향이 있다. 이야기의 많은 부분에서 관객을 아무것도 알 수 없는 상태에 내버려두는 것

을 즐긴다. 그리고 마지막에 무언가 밝혀지기 전까지, 서사의 최종적 방향을 모호하게 유지한다. 어떤 일이 주인공에게 왜 벌어지는지 모르기 때문에 관객의 상상력은 더 왕성하게 활동한다. 이러한 이해의 공백은 충만한 공포감으로 이어지고, 관객의 상상을 뛰어넘는, 피할 수 없는 반전이 나타난다.

〈령: 붉은 나비〉는 플레이어의 상상력을 이용하도록 기획됐다. 키쿠치는 설명한다. "이 게임의 분위기는 당신이 게임 속 공간을 어떻게 받아들이느냐에 달려있습니다. 당신이 어둠 속에 있으면 실눈을 뜨며 좀 더 선명하게 보기 위해 애쓸 겁니다. 전화기 너머의 소리가 잘 안 들리면 더 잘 듣기 위해 귀를 밀착하겠죠. 이렇게 무언가에 집중하고 있을 때, 당신을 깜짝 놀라게 만들기는 한결 쉽습니다."

〈령: 붉은 나비〉에서 캐릭터에게는 카메라가 있다. 플레이어는 이 카메라를 통해 영적 세계를 볼 수 있다. 그러나 때로는 모르고 지나가는 것이 축복이다. 어둠 속에 도사리고 있는 공포를 알게 된 순간부터, 모든 곳에 공포가 숨어있다고 생각하게 된다. 키쿠치가 설명했다. "카메라를 사용함으로써 당신은 어둠 속에 있는 대상을 볼 수 있습니다. 이때부터 모퉁이마다 무언가가 당신을 기

오른쪽 페이지: 〈령: 붉은 나비〉 프로모션 아트(코에이 테크모 게임즈)

다리고 있을 것이라는 상상을 시작합니다. 이제 당신은 대부분의 사람이 볼 수 없고, 사람에게 보여선 안될 것들을 보게 됩니다."

공포를 마주하며

〈령: 붉은 나비〉의 일부 컷씬이 충격적인 장면을 보여주는 동안, 게임 플레이는 물리적으로 어떤 생물체와 싸우는 대신 그것의 사진을 찍도록 요구한다. 키쿠치는 이렇게 말한다. "총과 칼로는 유령을 죽일 수 없습니다."

키쿠치는 웃으면서 덧붙였다. "저는 왜 공포 게임들이 물리적 대립 상황으로 공포를 만들려 하는지 이해할 수 없어요. 그런 게임에서는 캐릭터가 지거나 죽으면, 게임이 끝납니다. 이건 호러 게임입니다. 그리고 호러 게임이라면 무서워야 해요. 그런데 왜 무서운 것들과 밀접한 접촉을 했다고 플레이어가 불이익을 받아야 할까요?"

〈령: 붉은 나비〉에서도 유령이 플레이어를 죽일 수 있다. 그러나 플레이어가 유령에게 다가가는 일을 주저하게 만드는 대신, 키쿠치와 개발팀은 영리한 메카닉을 고안한다. 유령의 사진을 찍을 때 가까이 다가갈수록 유령에게 더 많은 데미지를 가하는 것이다.

"유령은 당신이 보고 싶어 하는 대상이 아니

지만, 그것을 보기 위해서 카메라를 사용해야 합니다." 키쿠치가 말했다. "본능이 유령으로부터 멀리 떨어지라고 말할 때, 당신은 유령에 더 가까이 다가가야 합니다."

악역을 맡기다

키쿠치가 만든 어둠의 게임은 〈령〉 시리즈에 국한되지 않는다. 그는 유명한 〈디셉션〉 프랜차이즈에도 참여했다.

〈디셉션〉은 또 다른 마인드 게임이다. 이 게임은 전통적인 비디오 게임의 서사 구조를 전복해서, 플레이어로 하여금 악한 캐릭터를 플레이하게 만든다. 플레이어는 자신의 영토를 침략해오는 정의로운 세력과 싸워야 한다. 이때 바나나 껍질, 아이언 메이든, 큰 칼날, 인디아나 존스 스타일의 거대한 돌덩이 같은 선혈이 낭자하는 섬뜩한 함정을 활용할 수 있다.

"처음 이 게임의 개발을 시작할 때, 제가 어두운 분위기의 게임으로 유명해질 것이라고는 전혀 생각하지 못했습니다." 키쿠치가 말했다. "단지 늘 새로운 방식으로 일하길 원했고, 사람들에게 새로운 경험을 주고 싶었을 뿐이었어요."

그는 처음 〈디셉션〉 게임을 기획했을 때의 상황을 다음과 같이 묘사했다. "플레이어가 영웅이 돼서, 악을 물리치는 퀘스트를 수행하는 어드벤처와 RPG 게임은 이미 너무나 많았습니다. '만약 그 반대를 만들면 어떨까?'라고 생각해 봤어요. 지금에야 별로 특별할 것이 없지만, 당시에는 참신한 생각이었거든요. 그런데 어두운 분위기의 게임이 아니고서는 플레이어에게 악역을 맡기는 게임을 생각하기 어려웠습니다. 어두운 게임에 대한 저의 명성은 아마도 이때부터 시작된 것 같아요."

그러나 키쿠치에 따르면, 주인공이 악당을 플레이하는 게임을 기획하는 일은 쉽지 않은 작업이었다.

"당신의 적은 당신보다 강해야 합니다." 키쿠치는 강조했다. "동시에 게임을 오로지 선과 악이 대립하는 이야기로 만들지 않기 위해 노력했습니다. 당신을 물리쳐서 얻은 현상금으로 딸의 약값을 마련해야 하는 모든 아버지들에게, 당신은 쓰러뜨려야 할 가식에 찬 독선적 영웅이나 그만큼 악랄한 악당일 수 있어요. 이런 방식으로 당신은 악당을 플레이하면서도, 여전히 스토리를 즐길 수 있고, 악을 미화한다는 느낌도 피할 수 있을 겁니다."

〈디셉션〉에는 어두운 주제를 조금은 가볍게 해주는 날카로운 유머도 들어있다. 키쿠치에 따르면 코미디적 요소는 당시 일본에서 유행하던 슬랩스틱 게임 쇼의 영향을 받았다고 한다.

"땅에 구멍을 파고 위를 살짝 덮어서 사람이 그 안에 빠지게 하거나, 페인트가 가득 찬 통을 문 위에 올려 놓고 문을 열고 들어오는 사람이 페인트를 뒤집어 쓰게 만들곤 했습니다. 덕분에 조금은 가학적이지만 매우 재미있는 소재가 될 수 있었습니다."

일생의 예술

많은 게임 개발자들과 달리 키쿠치는 어려서 게임을 플레이할 수 없었다. 그의 부모는 교사였고, 자식이 비디오 게임보다는 더 의미 있는 일에 시간을 쓰길 바랐다. 그러나 게임을 너무나 사랑했던 키쿠치는 영리한 방법을 찾아냈다.

"저는 친구들이 게임을 플레이하는 모습을 지켜보면서 스스로에게 되뇌었습니다. '도트^dot들이 저렇게 저렇게 움직이는 거구나.'" 키쿠치가 회상하며 말했다.

"집으로 돌아와서 종이 위에 캐릭터를 그리고 가위로 오렸어요. 그다음에는 종이 캐릭터를 가지고, 비디오 게임을 내가 원하는 방식으로 바꿔보곤 했습니다."

"언제나 창의적인 일을 하고 싶은 마음이 들

었어요. 대학교에 다닐 때, 8mm 영화 제작에 참여할 기회가 있었습니다. 시나리오를 쓰고, 배우를 섭외하고, 촬영하고, 편집하는 일을 했습니다. 무언가를 창작할 수 있다는 사실과 제 창작물에 반응하는 관객을 보는 것은 정말로 즐거운 일이었어요."

"취직을 해야 할 시기가 왔을 때, 영화나 TV 관련 분야에서 일자리를 찾고 싶었죠. 그러나 제전공은 수학이었고, 제 경험이 들어맞는 유일한 창의적 직업은 게임 기획이었어요. 그래서 딱 한 곳에 지원했고, 그곳이 바로 테크모였습니다. 21년 전 취업 세미나에서 들은 얘기를 잊지 않고 있습니다. 게임 업계는 아주 젊기 때문에, 머지않아 제 게임을 개발하거나 디렉팅할 기회를 얻을 것이라고 했습니다."

키쿠치는 여전히 다른 예술에도 관심이 있다. 그

위와 오른쪽 페이지: 〈디셉션 4〉 게임 아트(코에이 테크모 게임즈)

리고 시간이 있을 때면 조금씩 경험해보고 있다. 그
러나 그가 이렇게 오랜 시간 동안 게임 업계에 있을
수 있었던 이유 중 하나는 게임이 예술적 창작의 모
든 요소를 완벽하게 담고 있기 때문이다.

"게임을 개발하려면, 영화, 음악, 시각 예술, 상호
작용 등을 다뤄야 해요." 키쿠치가 말했다.

"저는 게임이 아주 다양한 예술을 포괄하는 장르

라고 생각합니다."

Playing happily

Young Gir

She kno

PUSH / GRAB

Mole near her

No, it coul

형사를 플레이하다

SWERY로도 널리 알려진 히데타카 스에히로Hidetaka Suehiro는 범죄 스릴러 게임 〈D4: 다크 드림즈 돈 다이Dark Dreams Don't Die〉의 작가이자 디렉터다. 〈D4〉에서 주인공인 형사 데이빗 영은 기념품을 이용해서 과거로 시간 여행을 하면서 부인의 살해 사건을 조사한다. 이런 종류의 게임 메카닉을 만드는 일은 균형 잡기와도 같다. 플레이어에게 너무 많은 자유를 주면 플레이어는 혼란을 느끼며 좌절한다. 반대로 플레이어를

〈D4〉 게임 아트(액세스 게임즈(Access Games))

히데타카 스에히로
스튜디오: 액세스 게임즈
위치: 일본
대표작: <D4: 다크 드림즈 돈 다이>

너무 많이 제약하거나 너무 쉬운 단서를 주면 형사가 되어 사건을 해결한다는 느낌을 받을 수 없다.

균형의 문제를 해결하기 위해서 스에히로는 게임의 소설주의적 전통에서 영감을 찾았다. "이 게임은 기본적으로 비주얼 노블visual novel과 같습니다." 스에히로가 설명했다. "게임 속 자유로운 구간들이 있었는데, 플레이어가 아무 곳에서나 중요한 정보를 찾아 헤

매는 것을 원하지 않았어요. 게임의 흐름을 유지해야 했거든요. 어떻게 하면 플레이어가 형사의 마음에 들어가 게임을 진행할 수 있을지 고민하기 시작했어요."

〈D4〉는 완전히 선형적인 게임이다. 마치 미스테리 소설을 읽는 것과 같다. 이미 정해진 이야기로부터 벗어날 수 있는 여지는 극히 제한돼 있었다. 이런 서사 구조를 통해 스에히로는 플레이어가 중간 어딘

가에서 막히는 일 없이, 자신이 의도한 대로 게임의 결말에 다다를 것이라는 사실을 보장받는다. 또한 플레이어는 형사의 마음속에 들어간 것에 대해 보상을 받는다. 이야기 속 형사의 캐릭터에 근거해서 퍼즐을 풀거나, 대화에서 적절한 답변을 선택하면 높은 점수를 획득할 수 있다. 반면 적절치 못한 대화를 선택하거나 퍼즐을 풀지 못하면 게임의 결말을 볼 수 없다.

공감할 수 있는 캐릭터

많은 게임에서 캐릭터는 게임을 진행하기 위해 조작하는 도구에 불과하다. 그러나 스에히로는 플레이어가 자신의 캐릭터와 관계를 맺고 유대감을 느끼게 하는 데 초점을 맞췄다. 독자가 고전 소설의 캐릭터에 유대감을 느끼는 것처럼, 게임에도 훌륭한 캐릭터가 존재할 수 있다고 믿었다. 플레이어가 느끼는 에이전시^{agency}(게임에서 에이전시란 플레이어의 선택이 게임에 의미 있는 영향을 미치는 정도를 의미한다. 예를 들어 플레이어의 선택이 진행과 결과에 큰 영향을 미치는 〈폴아웃^{Fallout}〉과 같은 게임은 에이전시가 큰 게임이라고 할 수 있고, 반면 〈콜 오브 듀티〉 같은 게임은 에이전시가 작은 게임이라고 할 수 있다. - 옮긴이)에 게임이 전적으로 의존할 필요는 없다고 본 것이다. 그는 플레이어가 캐릭터처럼 생각하고,

캐릭터에 대해 생각하기를 원했다. 게임 속 이야기는 바로 그러한 캐릭터에게 벌어지는 일을 중심으로 진행된다.

스에히로에게는 플레이어가 관계를 맺고 싶어 할 만한 캐릭터를 만들겠다는 바람이 있다. 그 이면에는 게임이 예술적 활동으로서 좀 더 진지하게 받아들여질 시기에 이르렀다는 확고한 믿음이 있다. "최근 들어 어떻게 게임을 예술로 바라보는가라는 질문을 자주 받곤 합니다." 그가 말했다. "저는 사람들이 게임을 예술로서 진지하게 받아들이길 바랍니다. 비주얼 스타일이나 액션만이 아니라, 주제와 캐릭터도 진지하게 받아들이는 것을 의미합니다. 그러나 게임이 팔리지 않는다면 공허한 메시지가 될 수밖에 없어요. 따라서 게임의 예술적 가치와 재미 사이의 균형을 맞춰야 합니다."

항구적 예술

스에히로는 기네스북에 등재된 몇 안 되는 게임 디렉터 중 한 명이다. 그의 호러 게임인 〈데들리 프리모니션^{Deadly Premonition}〉은 가장 극단적인 평가를 받은 게임으로 불린다. 일부 비평가는 그의 독특한 스타일과 데이빗 린치를 연상시키는 영화적 깊이를 높이 평가했다. 반면, 일각에서는 게임 플레이 또는 그 안에서 발견되는 그래픽적, 기

오른쪽 페이지: 〈D4〉 게임 아트(액세스 게임즈)

Look for D...

술적 오류를 견디지 못했다. 스에히로는 별다른 동요 없이 다소 애매할 수도 있는 영예를 받아들였다.

"젊었을 때라면 그런 리뷰에 많이 흔들렸을지도 몰라요." 스에히로가 웃으며 말했다. "많은 사람들이 저라는 사람과 제가 게임에서 하려는 것들을 이해했습니다. 그러나 그러지 못한 사람들도 있었을 뿐이죠. 문제가 되지는 않아요. 당시 프로듀서는 저의 비전대로 게임을 만들라고 격려해 줬고, 최종적으로 모두가 제 아이디어에 동의하지는 않았어요."

"결코 이 게임을 비평한 사람들이 틀렸다고 생각하지는 않습니다. 고객은 게임에 돈을 지불합니다. 만약 그들이 완성도 있는 그래픽을 기대하고 게임을 샀다면 당연히 〈데들리 프리모니션〉에 실망했을 거예요. 모든 고객은 게임에서 각기 다른 것을 원하거든요. 모두를 만족시킬 수 있는 게임을 만들기란 매우 어려운 일이죠."

이 경험을 마음에 담아둔 스에히로는 비평가와 커뮤니티로부터 긍정적인 반응을 얻기 위해 〈D4〉에

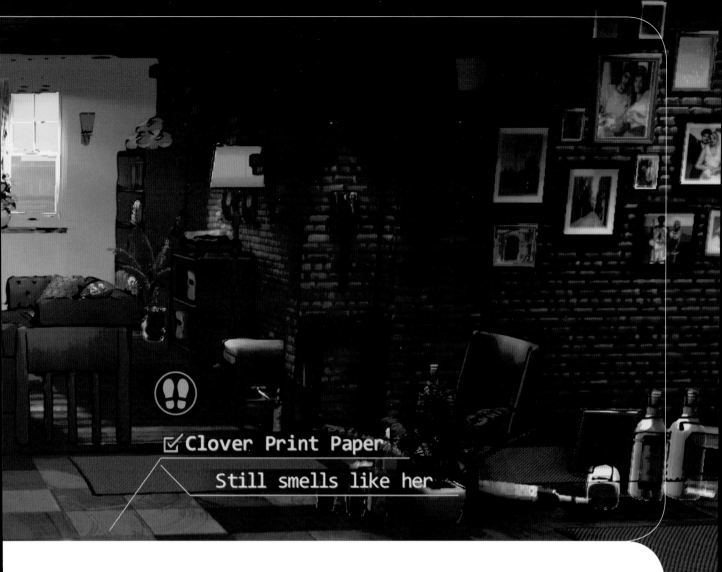

Clover Print Paper
Still smells like her

서는 아트 디렉터와 심혈을 기울여 작업했다. 〈데들리 프리모니션〉보다는 한결 아름답고, 이해하기도 수월해야 한다는 사실을 상기했다. 〈D4〉는 에피소드 단위의 시리즈 물로 정해진 완결편이 없다. 따라서 시리즈가 앞으로 얼마나 오래 지속되건, 그리고 그 사이에 기술이 많이 발전하건, 변치 않고 통할 수 있는 스타일을 필요로 했다.

그 결과가 바로 그래픽 노블graphic novel을 연상시키는 셀 셰이딩 스타일cel-shaded look이다. 이 전략은 지금까지는 성공한 것으로 보인다. 〈D4〉의 첫 에피소드는 비평가와 커뮤니티 모두에서 긍정적인 반응을 얻었고, 이 결과에 스에히로는 기뻤다.

"〈데들리 프리모니션〉이 받은 평가에 대해 복수하고 싶었어요." 그는 웃으며 말했다. "시각적으로 인정받을 수 있는 뭔가를 정말 만들고 싶었습니다."

위와 다음 페이지: 〈D4〉 게임 아트(액세스 게임즈)

판타지 월드

AAA 스튜디오에서 독립 개발의 자유

지난 수 세기의 시간은 우리에게 가혹했다.

백색 사원의 잊혀진 신들은 점점 희미해진다.

반쯤 감긴 눈에 비춰진 사원은 낡은 모습으로 서있다.

닫혀진 문, 빛 바랜 방들 너머로 먼지가 쌓여있다.

금빛으로 덮인 왕좌의 찬란함은 녹에 묻혀 침묵한다.

장프랑수아 포아리에
스튜디오: 유비소프트 몬트리올
위치: 캐나다
대표작: 〈차일드 오브 라이트〉

〈차일드 오브 라이트Child of Light〉는 상호작용하는 한 편의 시라고 할 수 있다. 대화 속의 대사 하나하나, 모든 컷씬, 이 아름다운 게임의 속도 그 자체, 모두가 일관된 리듬에 맞춰져 있다. 이 게임의 경험은 다른 어떤 독립 게임 못지 않은 진실함으로 빛난다. 그런데 정작 〈차일드 오브 라이트〉는 세계에서 세 번째 규모의 게임 스튜디오이자 다국적 기업인 유비소프트Ubisoft에서 만들어졌다. 유비소프트는 프로듀서

이전 페이지: 〈차일드 오브 라이트〉 컨셉 아트(유비소프트 몬트리올)
위: 〈차일드 오브 라이트〉 컨셉 아트(유비소프트 몬트리올)

장프랑수아 포아리에Jean-Francois Poirier와 회사에서 가장 숙련된 개발자로 구성된 작은 팀에게 완전한 창의적 작업을 할 수 있는 흔치 않은 기회를 줬다. 뿐만 아니라 독립 개발자라면 꿈도 꾸기 힘든 개발 자원을 활용할 수 있게 배려했다.

"많은 베테랑 개발자들이 이 프로젝트에 관심을 보였습니다." 포아리에가 말했다. "유비소프트 몬트리올에서는 운 좋게도 수많은 대형 프로젝트를 다룹니다. 하지만 일부 베테랑 개발자는 지난 7, 8년간 내내 블록버스터 게임 일만 했습니다. 하나의 게임을 개발하는 데 4년 정도의 시간이 소요될 수 있습니다. 이런 주기로 오랫동안 일해 온 우리에게 다른 무언가를 할 수 있는 기회가 주어졌다는 사실은 매우 흥분되는 일이었습니다."

함께 플레이하는 게임

포아리에와 개발팀은 캐릭터와 배경 디자인에 관해서, 자신들의 심미적, 경험적 기준에 따라 자유로운 결정을 내릴 수 있었다. 예를 들어 〈차일드 오브 라이트〉 팀의 많은 팀원들은 예전의 〈파이널 판타지Final Fantasy〉 시리즈를 통해 개발자의 꿈을 갖게 됐다. 그들의 향수는 게임의 전투 시스템에 영향을 미쳤다. 〈파이널 판타지〉는 아트 디렉션에도 영감을 줬다. 일본의 전설적 아티스트인 요시타카 아마노Yoshitaka Amano의 작품이 그들에게 큰 영향을 미쳤기 때문이다. 한편 가족 친지와 함께 게임을 즐기는 개발팀의 성향은 개발 초기부터 〈차일드 오브 라이트〉를 함께 플레이할 수 있는 게임으로 만들어 갔다.

"플레이어가 이 게임의 경험을 사랑하는 이들과 공유할 수 있기를 바랐습니다. 의도적으로 오프라인 협동 플레이를 남겨둔 까닭이죠. 〈차일드 오브 라이트〉가 둘이서 함께 플레이한 첫 게임이라고 밝힌 사람들이 있었어요. 그 얘기를 들었을 때 이 게임이 큰 성공을 거뒀다는 느낌이 들었습니다." 포아리에가 말했다.

"저는 심지어 게임에 나오는 의상을 만들어 딸에게 선물하기도 했습니다. 딸이 게임 속 주인공인 오로라의 개발 과정을 지켜보면서, 캐릭터의 의상을 너무 사랑했기 때문이었죠." 그는 덧붙였다. "제 딸은 아직 혼자 게임을 플레이하기에는 조금 어렵습니다. 그러나 두 번째 플레이어를 위한 보조 캐릭터인 이구니쿨루스를 통해 제 퀘스트를 도와줄 수 있었어요."

시를 플레이하다

포아리에는 〈차일드 오브 라이트〉가 기존 게임에 대한 경험과 무관하게, 누구나 끝까지 플레이할

수 있는 쉬운 RPG가 되길 항상 희망했다. 시는 끝까지 읽기 전에는 의미를 알 수 없다. 〈차일드 오브 라이트〉도 마찬가지다. 12시간에서 15시간 정도의 플레이 시간이 소요되는데, 오늘날 대부분의 RPG에 비하면 확실히 짧은 시간이다. "이 게임은 다른 RPG처럼 깊이가 있지는 않습니다. 모든 플레이어가 게임을 끝까지 플레이하고, 퀘스트를 즐기고, 그 경험을 가족과 나눌 수 있기를 희망했기 때문입니다." 포아리에가 말했다. "RPG 요소는 처음부터 이 게임 DNA의 일부였습니다. 그러나 동시에 플레이할 수 있는 시라는 느낌을 게임에 담고 싶었습니다. 중간에 게임 밸런스를 수정하면서 전투의 절반 정도를 들어냈어요. 게임이 너무 무겁고 반복적으로 느껴졌기 때문이었습니다. 게임을 탐험하면서도 볼거리 등을 편하게 즐길

위와 오른쪽 페이지: 〈차일드 오브 라이트〉 게임 아트(유비소프트 몬트리올)

수 있는 적절한 균형을 찾으려 했습니다."

동화의 새로운 해석

포아리에와 팀은 〈차일드 오브 라이트〉에 대한 명확한 비전이 있었다. 그중 하나는 이 게임을 통해 RPG의 전형적 장치들을 정교하게 활용하면서, 성숙한 주제를 게임에 담는 것이었다.

"동화의 상징과 간결함은 매우 매력적이었습니다. 그러나 한편으로는 현대적 이야기를 담고 싶었어요." 포아리에가 말했다. "백마 탄 왕자를 기다리는 공주 얘기를 하고 싶진 않았어요. 대신 삶에서 도전에 직면하고, 자신의 재능으로 타인을 돕는 소녀의 성장기를 다루고 싶었습니다. 그리고 이 여정에서 플레이어와 캐릭터 간의 감정적 유대가 생성되기를 원했습니다."

다음 페이지: 〈차일드 오브 라이트〉 컨셉 아트(유비소프트 몬트리올)

〈차일드 오브 라이트〉는 성장에 관한 이야기다. 인류가 이야기를 만들기 시작한 이후부터 늘 다뤄진 주제로, 어린 아이가 책임과 이해를 갖춘 어른으로 성장한다는 인간의 보편적 이야기를 다룬다. 우리는 화자의 성장을 통해서 우리 자신과 세상, 그리고 그 세상에서 우리의 역할을 되돌아본다. 〈차일드 오브 라이트〉는 개인의 정신적, 도덕적 성장 과정을 다룬 한 편의 성장 소설이라고도 부를 수 있다.

오로라 공주는 퀘스트를 통해 응석받이 소녀에서 우정, 협동, 공감을 중시하는 여성으로 변모한다. 그러나 그 과정에서 얼마나 많은 도움을 받을지는 전적으로 플레이어의 선택에 달려있다. 이 부분은 포아리에와 개발팀이 의도적으로 설계한 부분이다. "스토리와 도덕적 주제를 게임 플레이와 결합하는 부분에서 주의를 기울였습니다." 포아리에가 말했다. "예를 들어, 플레이어는 게임에서 파티 멤버를 구할 수 있습니다. 그러나 플레이어가 원한다면 전투 파티 멤버를 찾는 부가 퀘스트를 건너뛸 수도 있습니다. 즉 혼자서 오로라의 퀘스트를 진행할 수도 있어요. 그러나 실제 삶처럼 팀을 이뤄서 위험에 대처하는 편이 한결 쉽습니다. 따라서 플레이어는 오로라의 퀘스트를 수행하고 있지만 중간에 다른 캐릭터를 도와주도록 유도됩니다. 그러면 나중에 이 캐릭터들이 반대로 오로라를 돕게 돼요."

대부분의 RPG처럼 〈차일드 오브 라이트〉에서 플레이어의 캐릭터는 나약한 상태에서 혼자 여정을 시작한다. 그러나 게임이 진행됨에 따라서 점점 강해진다. 게임 속 세계에 대해 알아가고, 뜻을 함께 할 영웅들을 모은다. 이런 방식으로 이 게임의 전통적인 RPG 구조는 개인의 성장이라는 스토리와 함께 나란히 진행된다.

늘 앞을 바라보며

풍부하고 생기 넘치는 〈차일드 오브 라이트〉의 세계를 구축하기 위한 모든 작업을 마치자, 포아리에는 이 세계에서 더 많은 모험을 봤으면 하는 바람을 갖게 됐다. 막연한 기대는 아니었다. 독립적으로 완결되는 게임을 생각했지만, 개발하는 내내 속편에 대한 가능성을 염두에 두고 있었다.

"〈차일드 오브 라이트〉를 확실히 마무리 지으려 했습니다." 포아리에가 말했다. "사람들을 막연하게 기다리게 만들고 싶진 않았습니다. 그러나 한편으로는 처음부터 다른 작품에서도 지속적으로 사용할 수 있는 세계를 만들고 싶었어요. 그래서 그런 세계로 확장될 수 있는 토대를 닦으려 했습니다. 아주 소수의 사람만 눈치챌 수 있는 요소들을 게임에 남겨뒀습니다. 그 요소들은 나중에 우리가 원하는 대로 키우고 확장시킬 수 있습니다."

"〈차일드 오브 라이트〉는 성장 이야기인데, 오로라는 이미 성인이 됐어요. 그럼에도 오로라가 다시 이 세계로 돌아오는 이야기는 얼마든지 만들 수 있을 거예요. 창의적 관점에서 우리가 할 수 있는 일들이 아직 많이 남아 있는 거죠."

〈차일드 오브 라이트〉 컨셉 아트(유비소프트 몬트리올)

재 속에서 부활하다

자신만의 게임 세계를 만드는 일은 거대한 창의적 작업이다. 그런데 다른 누군가의 실패가 남긴 것들을 모아서 게임 세계를 만들어야 한다면 어떨까? 일본 게임 업계에서 20년의 경력을 가진 베테랑, 그리고 〈파이널 판타지 14: 렐름 리본Final Fantasy XIV: A Realm Reborn〉의 디렉터 나오키 요시다Naoki Yoshida는 직접 이 같은 일을 경험했다.

〈렐름 리본〉은 2010년 스퀘어 에닉스의 두 번째 파이널 판타지

〈파이널 판타지 14〉 컨셉 아트(키요시 아라이((Kiyoshi Arai)/스퀘어 에닉스(Square Enix))

나오키 요시다
스튜디오: 스퀘어 에닉스
위치: 일본
대표작: <파이널 판타지 14: 렐름 리본>

MMORPG인 〈파이널 판타지 14〉를 완전히 새롭게 다시 만든 게임이다. 원작은 플레이어들의 반향을 이 끌어내는 데 실패했고, 비평가들로부터도 혹평을 받 았다. 출시 후 몇 달 만에 플레이어 수는 급감했다. 그러나 스퀘어 에닉스Square Enix 입장에서는 가장 오 래되고, 널리 인정받는 일본의 대표적 RPG 프랜차이 스 중 하나를 이대로 사장되게 내버려둘 수는 없었

다. 이때 〈파이널 판타지 14〉에 새 생명을 불어넣기 위해 요시다가 투입된다.

구원을 위한 종말

다른 개발자들이 〈렐름 리본〉에서 배울 수 있는 교 훈이 무엇이라고 생각하냐는 질문에 요시다는 웃음 을 터트렸다. "누구도 내가 겪었던 일을 겪지 않았으

면 좋겠습니다. 새로운 게임을 만드는 경우와 비교하자면, 난관은 많지만 기회는 그다지 많지 않은 일입니다. 당신의 이름을 걸고, 무언가를 만들고, 책임을 져야 한다면, 백지에서부터 시작하는 것이 더 좋을 것입니다. 그렇게 하면 좀 더 개인적인 일로 느껴지기 때문이에요."

매우 어려운 프로젝트였지만, 요시다는 재건설 작업을 통해 궁극적으로 자신의 비전을 실현할 수 있었다. 그는 〈파이널 판타지 14〉의 문제들을 하나씩 해결하는 대신 좀 더 극단적인 계획을 세웠다. 원작 게임의 설정을 글자 그대로 파괴하는 이야기를 썼다. 게임 속 종말이 지난 이후, 재 속에서 불사조가 되살아나듯, 새롭고 개선된 플레이 경험이 생겨날 것이라 기대했다.

장점은 남겨둔다

나중에 이백만 명에 이른 등록된 사용자 수를 감안하면 요시다의 전략이 성공했음은 분명하다. 〈렐름 리본〉은 원작에 충실했고, 기존 세계를 경험했던 플레이어에게 단절됐다는 느낌을 주지 않으면서도, 게임 속 세계를 효과적으로 재건설했다. 요시다는 〈파이널 판타지 14〉가 남긴 재료를 모조리 창 밖으로 던져버리지 않았다. 그 재료 중 일부에서는 가능성을 봤고, 그것들은 계속해서 사용하기로 결정했다.

"아무것도 없는 상태에서부터 이 게임을 만들었다면 무기고 시스템 같은 부분은 생각하지 못했을 겁니다. 플레이어가 무기를 바꾸면, 바로 새로운 역할을 플레이할 수 있는 시스템입니다."

〈파이널 판타지 14〉에서는 캐릭터에 활을 장착시키면 바로 궁수를 플레이하게 된다. 그 상태로 적과 싸우면 획득한 경험치는 궁수 스킬에 누적된다. 무기를 칼과 방패로 바꾸면 전사 스킬을 얻는다. 요시다는 〈파이널 판타지 14〉의 고유한 무기고 시스템을 꼭 유지하고 싶었다. 이런 시스템이야 말로 오늘날의 MMO 플레이어가 원하는 모습이라 생각했기 때문이다.

"대부분의 MMO에서 플레이어에게 다른 역할을 시키려면, 우선 새로운 캐릭터부터 만들게 해야 했습니다." 요시다가 말했다. "플레이어가 원할 때 언제든지 클래스를 바꾸도록 허용하는 게임이 오늘날 게이머에게 더 어울린다고 생각합니다. 플레이어의 동기와 게임의 수명을 생각할 때 더 좋은 결과를 가져올 것입니다."

왼쪽 페이지: 〈파이널 판타지 14〉 프로모션 아트(스퀘어 에닉스)

서사와 에이전시의 균형

1987년 닌텐도 패미콤Famicom에서 데뷔한 이후, 〈파이널 판타지〉는 동시대의 게임들이 감히 넘어서지 못했던 한계를 뛰어넘어 왔다. 〈파이널 판타지〉는 무엇보다 장대한 스토리텔링과 캐릭터에 집중했다. 그리고 거기에 더해 전통적으로 철학적 딜레마를 제시했다. 캐릭터가 그 딜레마와 씨름하는 동안, 플레이어는 실제로는 어떤 결정을 내리지 않으면서도, 옳고 그름에 대한 복잡한 문제에 대해 숙고할 수 있었다.

예를 들어, 〈파이널 판타지 6〉에는 강박증에 사로잡힌 염세적 악당 케프카가 등장한다. 이 캐릭터는 플레이어가 스스로의 도덕성에 대해 생각하게 만든다. 케프카의 행동은 비난받아 마땅하다. 그러나 시각에 따라서는, 그의 선택을 정당화해주지는 못해도, 전후 맥락은 설명해 줄 수 있는 더 큰 목적이 있을지도 모른다. 또한 〈파이널 판타지 13〉의 마지막 장이라고 할 수 있는 〈라이트닝 리턴즈Lightning Returns〉에서는 세 개의 게임을 걸치며 사투를 펼쳤던 라이트닝의 행동에 대해 플레이어가 생각할 기회를 준다. 반란의 결과, 영웅적 행위의 본질, 가족의 가치 등의 문제와 게임의 악당이 진정 악당인가에 대해 의문을 던진다.

물론 플레이어가 개입해서 스토리를 바꿀 여지는 없다. 그럼에도 불구하고 이 게임은 강렬한 경험을 제공한다. 당연히 〈파이널 판타지〉의 수많은 골수팬들은 〈렐름 리본〉에서도 이와 비슷한 경험을 기대했다. 그러나 〈렐름 리본〉은 MMO 게임이다. MMO에서는 플레이어가 만든 캐릭터와 플레이어가 취한 행위를 통해 플레이어가 자신만의 이야기를 써가는 것이 보통이다.

MMO에서 스토리는 게임의 사회적 측면에 의해서도 결정된다. 플레이어는 게임 속에서 다른 플레이어와 파티를 맺고 퀘스트를 수행한다. 또한 다른 플레이어들과의 싸움에서 이겨 명예를 얻거나, 가상의 부동산을 사기 위해 재화를 모으기도 한다. 여기서 중요한 사실은 MMO에서 어떤 플레이어의 경험은 다른 플레이어의 경험과 근본적으로 다르다는 점이다.

일반 게임에서의 스토리텔링과 MMO에서의 스토리텔링은 각각이 복잡한 양상을 띤다. 그리고 이 둘이 양립하지 못하는 경우도 있다. 만약 플레이어가 〈파이널 판타지 6〉에서 케프카와 같은 편이 되려 하거나, 〈파이널 판타지 13〉에서 라이트닝과 그녀의 동지들이 저항하는 대신 운명에 순응하게 된다면, 플레이어 입장에서는 더 이상 게임에서 할 일이 없어지게 된다. 반대로 MMO에서 사전에 정해진 경로에 따라 플레이 해야만

오른쪽과 다음 페이지: 〈파이널 판타지 14〉 프로모션 아트(스퀘어 에닉스)

한다면, 게임 세계와 동떨어진 느낌을 받고, 다른 플레이어와의 관계 형성도 이뤄지지 않을 것이다. 바로 이런 요소가 MMO 특유의 역동성을 부여하는 요소임에도 말이다.

요시다가 〈파이널 판타지 14〉를 다시 만들기로 했을 때, 바로 이 부분에서 두 개념의 충돌을 지켜봤다. 어떻게 하면 〈렐름 리본〉이 〈파이널 판타지〉 시리즈 특유의 서사적 특성을 유지하면서도, MMO 경험이 없는 기존 팬에게 MMO의 메카닉을 가르칠 수 있을까?

요시다의 해법은 간단해 보였다. 두 장르의 가장 좋은 부분만 섞으면 안 될까? 〈렐름 리본〉의 첫 십여 시간 동안 플레이어는 전통적인 〈파이널 판타지〉의 서사시를 경험한다. 간혹 던전에 가는 것을 제외하고는 다른 플레이어와 함께 플레이할 필요가 전혀 없다. 던전에서조차 무작위로 파티 멤버를 지정해주

기 때문에 파티를 맺기 위해 게임 플레이에서 벗어 날 필요가 없다. 요시다의 바람은 다음과 같았다. 첫 번째 스토리 아크story arc(텔레비전 프로그램, 만화책, 연재 만화, 보드게임, 비디오 게임, 영화 같은 에피소드식 스토리텔 링 매체에서 확장되거나 연속되는 줄거리를 지칭한다. - 옮긴 이)가 끝나면, 플레이어는 조작에 익숙해진다. 그리 고 사회적 상호작용, 여러 명이 협력해서 공략해야

하는 강력한 몬스터, PVPplayer-versus-player 전투 등이 포함된 완전한 MMO 경험을 본격적으로 시작할 준 비를 마친다.

"저는 스토리가 매우 중추적 역할을 하리라 기대 했습니다." 그는 말했다. "MMO에는 한 가지 약점이 있습니다. 당신이 진지한 플레이어가 아닐 경우, 직 접적으로 드러나지 않는 기획이나 메카닉을 제대로

위: 〈파이널 판타지 14〉 컨셉 아트(카즈야 타카하시((Kazuya Takahashi)/스퀘어 에닉스)
다음 페이지: 〈파이널 판타지 14〉 컷씬(스퀘어 에닉스)

이해하기 힘들다는 점입니다. 그리고 이 과정을 안내해줄 사람도 없습니다. 그러나 좋은 스토리가 있다면 얘기가 달라집니다. 플레이어는 다음에 벌어질 일을 궁금해 하고, 단지 스토리를 경험함으로써 게임 플레이를 점진적으로 이해하게 될 겁니다."

빈 캔버스

요시다는 〈렐름 리본〉에서 플레이어가 에이전시를 충분히 느낄 수 있도록 스토리와 대사의 사용에 주의를 기울였다. 예를 들어, 요시다는 게임의 주인공인 플레이어가 말을 할 수 없게 만듦으로써 플레이어 자신의 성격을 캐릭터에 담게끔 했다. 이것은 닌텐도의 시게루 미야모토Shigeru Miyamoto가 〈젤다의 전설Legend of Zelda〉 시리즈에서 고안한 기법이다. 그 게임에서 주인공 링크는 늘 침묵하고 있다. 플레이어가 원하는 성격을 그려 넣을 수 있는 빈 캔버스라고 할 수 있다.

요시다도 〈렐름 리본〉에서 같은 효과를 노렸다. 컷씬을 보면 다른 캐릭터들은 모두 정상적으로 말하지만, 플레이어의 캐릭터는 결코 말을 하지 않는다. 자신의 캐릭터가 말하는 모습은 게임 세계로의 몰입을 방해하고, MMO가 요구하는 에이전시를 훼손할 수 있다. 대신 플레이어는 캐릭터에게 자신이 원하는 성격을 부여하고, 응원, 안무, 심지어 비호감을 나타내는 동작을 통해 성격을 표현한다.

요시다와 개발팀은 에이전시를 제공하기 위해 플레이어에게 직접 말을 거는 대화를 마련했고, 플레이어가 준비를 마칠 때까지 결코 게임 진행을 강요하지 않았다.

"플레이어에게 이 게임의 주인공이 당신이라는 느낌을 주고 싶었습니다. 그래서 대사 하나하나에 신경을 썼어요." 요시다가 말했다. "게임 속 캐릭터는 다음과 같이 말합니다. '당신의 도움이 필요합니다. 우리를 위해 이 일을 해주세요.' 플레이어에게 세상을 구하는 일을 부탁할 때도 늘 직접 부탁하는 느낌을 주려 했습니다. 플레이어가 그저 따라가기만 하면 되는 철로를 만들지는 않았습니다. 게임 속에서 플레이어가 하는 모든 것은 자신의 결정에 따른 것이니까요."

재미를 기획하다

요시다는 문학, 그중에서도 고전 형사 소설을 사랑한다. 언젠가는 자신이 직접 어떤 이야기를 쓰리라 다짐하기도 했다. "어렸을 때부터 게임 스토리를 쓰고 싶었습니다." 그는 말했다. "그러나 중심에는 늘 게임이 있었어요. 게임 이외의 다른 일

은 생각해본 적이 없어요!"

요시다가 게임 개발자로서의 경력을 시작하게 된 계기는 패미콤과의 운명적 만남이었다.

"일본에서 〈마리오 브라더스Mario Bros〉가 출시되던 해 겨울, 한 친구가 마리오가 얼마나 재미있는지 얘기하며 나를 집으로 초대했습니다. 그래서 그 친구 집에 가서 처음으로 마리오를 플레이했습니다." 요시다는 회상했다. "손에 쥔 컨트롤러로 화면에 있는 캐릭터가 무언가를 하게 만든다는 사실이 정말 충격적이었어요!"

요시다는 게임을 플레이하는 사람마다 각기 다른 경험을 얻는다는 점에 흥미를 느꼈다. "동일한 게임일지라도 혼자 플레이하느냐, 또는 친구와 플레이하느냐에 따라 전혀 다른 경험을 갖게 됩니다. 예를 들어, 두 사람과 함께 플레이하는 경우, 서로 협력할 수도 있고, 경쟁할 수도 있겠죠."

이런 경험의 다양성이 플레이어가 여러 시간 게임을 즐길 수 있는 재미를 제공한다. 요시다는 자신이 창작하는 대상을 재미 요소들이라고 생각한다. 이 요소들은 플레이어에게 게임 공간에서 끊임없는 매력을 지닌 자유를 선사한다. 어렸을 때 패미콤으로 마리오를 플레이할 때 경험했던, 그런 자유를 말하는 것이다. 〈렐름 리본〉이나 〈드래곤 퀘스트 10Dragon Quest X〉 같은 그가 참여했던

게임의 예술성을 부인할 수는 없다. 그러나 정작 요시다 자신은 스스로를 아티스트라고 생각해본 적이 없다.

"백 년 정도 지난 후에 사람들이 제 작업을 예술이라고 부를지도 모르겠습니다. 그러나 정작 제 자신은 그렇게 생각해본 적이 없어요." 요시다는 말했다. "십 년 전, 컴퓨터 게임이 대중 문화에 소개됐을 때, 게임은 새롭고 신기한 것으로 취급받았습니다. 이제 그 세대가 성장하면서 게임은 그들 삶의 일부가 됐습니다. 마치 영화처럼 말이에요."

왼쪽 페이지: 〈파이널 판타지 14〉 로딩 화면(스퀘어 에닉스)

미지의 영역

게임에서 서사의 가능성과 플레이어 에이전시를 탐구하는 방식

으로 잘 알려진 바이오웨어BioWare는 〈발더스 게이트Baldur's Gate〉,

〈제이드 엠파이어Jade Empire〉, 〈스타워즈: 구 공화국 기사단Star

Wars: Knights of the Old Republic〉, 〈매스 이펙트Mass Effect〉, 〈드래곤 에

이지Dragon Age〉 같은 고전 반열에 오른 수작을 만들어온 개발사다.

특히 이들은 플레이어 에이전시에 대한 지속적인 관심을 통해 도

〈드래곤 에이지: 인퀴지션(Dragon Age: Inquisition)〉 게임 아트(바이오웨어)

마이크 레이드로

스튜디오: 바이오웨어

위치: 캐나다

대표작: <드래곤 에이지: 인퀴지션>

덕적, 윤리적 주제를 심도 있게 다뤄왔다. 실제로 <드래곤 에이지> 시리즈의 중심 서사는 적과 맞서기 위한 아주 많은 수단(도덕적으로 옳거나, 옳지 않은 수단 모두)을 플레이어에게 제공한다.

<드래곤 에이지> 프랜차이즈의 크리에이티브 디렉터이자, <매스 이펙트> 첫 게임의 작가인 마이크 레이드로Mike Laidlaw는 어렸을 때부터 이야기를 전달

하고, 플레이어에게 자유를 주는 비디오 게임의 가능성에 매료됐다. "저는 농장에서 자랐어요. 제가 예닐곱 살쯤 됐을 때, 부모님이 코모도어 64Commodore 64를 사주셨습니다." 레이드로가 말했다. "몇 주 후, 아버지는 카트리지에 저장 메모리도 없이 <로드 런너Lode Runner>에서 레벨을 만들고 있는 제 모습을 보셨어요. 아버지는 곧 디스크 드라이브도 사주셨어요.

비디오 게임에 대한 관심을 지원해 준 부모님 덕분에 저의 미래가 바뀌었죠. 전통적인 목장의 농부에게는 기대하기 어려운 모습일 겁니다. 그러나 제 부모님은 그런 분들이셨습니다."

레이드로는 어려서부터 〈스타 컨트롤 2Star Control II〉, 〈웨이스트랜드Wasteland〉, 〈뉴로맨서Neuromancer〉 같은 게임을 플레이하며 경험을 쌓았다. 그러나 농장을 떠나서 곧바로 게임 업계에 뛰어들지는 않았다. 대신 한동안 마음에 들지 않는 일을 해야 했다. 그러던 중 바이오웨어에서 작가를 구한다는 광고를 보게 된다. 그는 지체 없이 지원했고, 그때부터 오늘날까지 바이오웨어에서 일하고 있다. 그는 이곳에서의 경험이 자신이 꿈꿔왔던 일이라고 말한다.

"게임에서 에이전시라는 미지의 영역이 제가 게임 개발과 스토리텔링에 이끌렸던 주된 이유였습니다." 레이드로가 말했다. "개발자는 플레이어에게 무엇이든 할 수 있게 해주고 싶은 욕구가 있습니다. 그러나 다른 한편으로는 '이 게임에서는 이런 종류의 일들을 할 수 있다'라는 틀을 제공해야 할 필요성도 있죠. 저는 이 둘 사이의 역동적인 긴장을 사랑합니다."

레이드로는 바이오웨어에서 이런 긴장을 탐구할 수 있는 기회를 얻었고, 〈드래곤 에이지〉 프랜차이즈에 이르러 그의 탐구는 결실을 맺는다.

영웅적 악당

〈드래곤 에이지〉는 J.R.R 톨킨의 『반지의 제왕The Lord of the Rings』과 조지 R.R 마틴의 『왕좌의 게임Game of Thrones』의 맥을 잇는, 무거운 분위기의 장대한 판타지 게임이다. 이 게임에서는 악마와 다크스폰Darkspawn이라는 오크와 비슷한 몬스터가 인류를 위협한다. 그러나 인류는 부패와 자만으로 타락한 권력자들에 의해 또 다른 내부의 위협과도 마주한다. 〈드래곤 에이지〉에서는 이 세계와 어떻게 관계를 맺느냐에 따라서 플레이어의 행동이 크게 영향 받는다. 또한 몬스터로 가득 찬 던전과 인간의 정치를 경험하며, 누가 죽고 누가 살아야 하는가와 같은 어려운 결정을 강요받는다.

"〈드래곤 에이지〉 프랜차이즈의 핵심 주제는 사람은 근본적으로 결함을 가진 존재지만, 그래도 괜찮다라는 것이었습니다." 레이드로가 말했다. "우리는 악행과 영웅적 행위를 하나의 절충적 구조 안에서 파악했습니다. 악당도 자신의 이야기 속에서는 항상 영웅입니다. 이 게임의 모든 악당은 나름대로는 다크스폰의 거대한 위협에 맞서서 옳은 일을 하려고 합니다."

"이 시리즈에서 제가 좋아하는 장면 중 하나

왼쪽 페이지: 〈드래곤 에이지: 인퀴지션〉 게임 아트(바이오웨어)
다음 페이지: 〈드래곤 에이지: 인퀴지션〉 프로모션 아트(바이오웨어)

를 예로 들어보겠습니다. 로게인(섭정과 왕을 배신하고, 어떤 기준에서도 전형적인 악당이라고 할 수 있는 캐릭터)이 처형을 앞두고, 자신의 딸을 향해 무릎 위에서 놀던 어린 소녀로 영원히 기억하겠다는 말을 남기는 장면이 있습니다. 그의 행동은 판타지 속 전형적 악당처럼, 악을 실행하려는 욕구에서 출발하지 않았어요. 왕이 생각하는 것보다 훨씬 더 큰 위협이 왕국을 노리고 있기 때문에, 딸을 그 위협에서 지키려는 일념에서 선택한 행동일 뿐이었습니다."

"게임에는 플레이어가 공감할 수 있는 로게인과 같은 악당이 꼭 필요하다는 사실을 알게 됐습니다. 그런 공감이 감정과 도덕적 갈등을 내면화할 수 있게 도와주기 때문이죠."

게임의 스토리에 대한 이런 접근을 강화하기 위해, 레이드로와 개발팀은 플레이어의 결정이 스토리에 영향을 미칠 수 있는 게임 플레이 시스템을 고안했다. 〈드래곤 에이지〉의 세계에는 챈트리라는 종교가 있다. 플레이어가 이 종교를 사악하다고 판단하면 반대편에 설 수 있다. 그러나 반대로 이 종교가 정당하고 여기면 챈트리를 따르고, 챈트리를 위한 퀘스트를 수행할 수 있다. 또한 플레이어는 다크스폰의 위협에 맞서, 정의로운 길을 따르며 싸우는 전형적 영웅이 될 수 있

다. 아니면 다크스폰과 싸우기 위해 국왕을 살해한 로게인처럼, 도덕적으로 비난받을 행동을 하면서도 더 큰 선을 위한 선택이라고 스스로를 합리화할 수도 있다.

논란을 낳은 선택

개방된 게임 세계의 결과로 나타나는 일부 게임 플레이가 논란이 되기도 했다. 예를 들어, 플레이어는 자신의 메인 캐릭터가 다른 캐릭터와 성관계를 맺게 할 수 있다. 따라서 다른 인종 간의 성관계는 물론 동성 간의 성관계도 자유롭게 가질 수 있다. 이 부분을 비판하는 견해도 있었지만, 반대로 높이 평가하는 목소리도 있었다. "플레이어가 원하는 대로 플레이한다는 것은 우리가 추구해온 가치였습니다." 레이드로가 말했다. "게임 커뮤니티는 더 이상 소년들의 모임이 아닙니다. 사회 각계 각층의 사람으로 구성됩니다. 따라서 스토리에 로맨스를 넣기로 결정했을 때(로맨스는 매우 가치 있는, 스토리텔링의 핵심 요소라고 생각합니다. 게임 속에 감정적 맥락을 만들어주기 때문입니다.), 각계 각층의 플레이어를 위한 로맨스 옵션을 마련하려 했습니다."

"이런 옵션은 논란을 낳고, 사람들을 불편하게 만들 수도 있습니다. 충분히 이해해요. 그러나

오른쪽 페이지: 〈드래곤 에이지: 인퀴지션〉 게임 아트(바이오웨어)

우리가 게임 속 컨텐츠에 대해 진솔할 수 있는 한, 게임을 플레이하고 안하고는 플레이어의 몫입니다."

게임 기획자가 게임 속 캐릭터와 스토리 이벤트에 대해 자의적인 해석에 따라 반응할 수 있는 자유를 플레이어에게 줬을 때, 플레이어의 반응을 예측하기란 당연히 더 어려워진다.

에이전시와 서사

〈드래곤 에이지〉 같은 게임에서는 어떤 플레이어는 결코 가지 않는 지역을 다른 플레이어가 수 시간씩 탐험하고 다닌다. 또한 어떤 플레이어는 죽여버렸을지도 모를 주요 캐릭터를, 다른 플레이어는 보호하고 있을 수도 있다. 플레이어에게 캐릭터에 대한 에이전시를 제공해야 하지만, 동시에 하나의 완결된 이야기도 전달해야 한다. 레이드로는 조심스럽게 이 둘 간의 균형을 맞춰야 했다.

"이런 종류의 서사 구조를 만드는 것은 매우 까다로운 일이에요." 레이드로가 말했다. "더 많은 선택지를 제공할수록, 이야기의 일관성은 그만큼 약해지거든요. 극단적으로 가면 완벽하게 구성된 스토리를

제공할 수 있습니다. 그러나 그렇게 될 경우, 플레이어는 스토리에 참여한다기보다는 전투 감독관에 가까운 존재가 되어 버려요. 〈더 라스트 오브 어스The Last of Us〉나 〈파이널 판타지〉가 이 경우에 해당해요. 이들 게임에서 스토리는 완벽한 일관성을 갖고 있습니다. 그러나 캐릭터를 실제 자신의 것으로 느끼기는 어려워요. 그리고 스토리에 영향을 주는 것도 불가능하죠."

스펙트럼의 다른 반대편에는 〈마인크래프트

Minecraft〉가 있다. 〈마인크래프트〉에는 어떠한 스토리도 담겨 있지 않다. 도구와 샌드박스Sandbox적 환경만을 제공함으로써 순수한 에이전시를 추구한다. 그럼에도 불구하고 이 게임은 사람들이 〈마인크래프트〉에 대한 경험과 그들이 게임 안에서 한 것에 대해 다른 사람과 얘기를 나눌 수 있는 계기를 제공한다. 이것 역시 하나의 스토리다. 개발자가 들려주는 것은 아니지만, 틀림없는 하나의 스토리다.

"〈드래곤 에이지〉의 플레이어는 자신만의 이야기

〈드래곤 에이지: 인퀴지션〉 프로모션 아트(바이오웨어)

나 경험을 만들 수 있는 에이전시를 보장받습니다. 그러나 크게 봤을 때 모든 플레이어는 여전히 같은 방향을 향합니다." 레이드로가 말했다. "저는 이 모습이 넓은 고속도로와 같다고 생각합니다. 우리 스토리에는 따라가야 하는 특정한 경로가 있습니다. 그리고 이 게임을 통해 그 스토리를 전달하려 하죠. 그러나 플레이어가 목적지에 이르는 자신만의 길을 시작할 수 있게 해주고 싶습니다."

서사적 흐름을 확보하는 것 외에도, 대작 게임을 개발하는 과정에는 여러 어려움이 있다. 그 중 일부는 팀 작업이라는 현실에서 기인한다.

비전의 공유

게임 개발은 음악이나 회화 같은, 여타 창작 활동과는 또 다른 도전을 내포한다. "호그와트 마법학교가 아니라면, 3차원의 회화 또는 움직이는 회화를 볼 수는 없을 겁니다." 레이드로가 웃으며 말했다. "화가의 목적 내지 도전은 어떤 순간의 본질을 하나의 이미지 안에 담아 내는 것입니다. 그것이 감정까지 전달할 수 있는 회화의 핵심이며, 화가는 그 목적을 달성할 수 있는 한 번의 기회를 가집니다. 게임에서는 테크놀로지가 우리의 붓입니다. 화가가 겪는 제약은 없지만, 게임에는 게임만의 수많은 제약이 존재합니다."

레이드로가 바이오웨어에서 겪은 가장 큰 난관은 영화 제작과 마찬가지로, 블록버스터 게임을 만드는 일이 개인 창작 활동이 아니라는 사실이다. 대형 프로젝트에서는 다양한 사람이 모여 큰 팀들을 이룬다. 크리에이티브 디렉터의 비전은 각 팀을 올바른 방향으로 이끈다. 그리고 디렉터는 그 비전을 완벽히 실현하기 위해 팀 모두가 그 비전을 이해하고 공유하게 만들어야 한다.

"일이 잘되고 안되고는 커뮤니케이션에 달려 있습니다." 레이드로가 말했다. "저한테 어떤 비전이 있다고 해보죠. 그런데 제가 그 비전을 아티스트나 애니메이터, 또는 프로그래머가 수긍할 수 있게 분명히 전달하지 못한다면 그 생각은 결국 실패하게 될 겁니다."

"매우 드물지만, 어떤 아이디어를 게임 속에 억지로 넣을 수는 있습니다. 그러나 사람들에게 나무를 자르고 망치질을 해서 배를 만들라고 강요하기보다는 그들이 바다를 동경하게 만드는 철학을 세워야 합니다. 모든 팀 기반의 창의적 작업은 바로 이런 철학으로부터 접근할 때 더 좋은 결과를 낳습니다."

오른쪽과 다음 페이지: 〈드래곤 에이지: 인퀴지션〉 게임 아트(바이오웨어)

한 계 를 넘 어

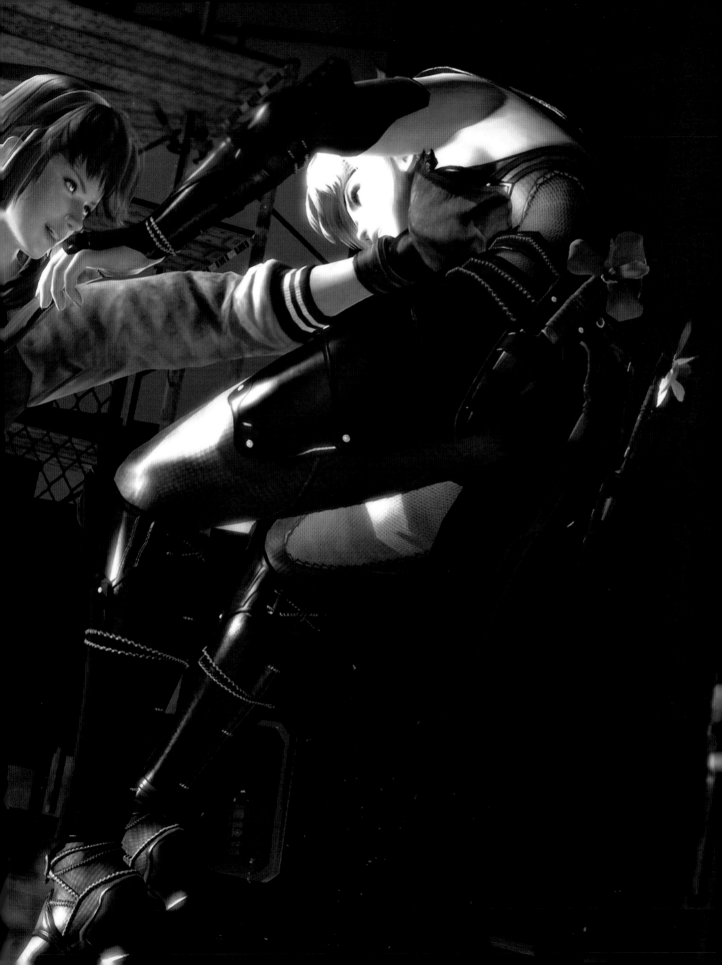

미소녀 파이터와 스타일리시 액션

〈데드 오어 얼라이브 5Dead or Alive 5〉는 성적 매력을 전면에 내세우는 강렬한 대전 격투 게임이며, 과장된 유머의 역사를 지닌 〈데드 오어 얼라이브〉 프랜차이즈의 최신작이다. 〈데드 오어 얼라이브〉는 창작자인 토모노부 이타가키Tomonobu Itagaki의 리더십 하에서 개발된, 코에이 테크모Koei Tecmo 최고의 격투 프랜차이즈다. 지나칠 정도로 이상화된, 플라스틱 마네킹 같은 캐릭터들이 등장하는 이 게임을 심각

이전 페이지: 〈데드 오어 얼라이브 5〉 컨셉 아트(코에이 테크모)
위: 〈데드 오어 얼라이브 5〉 컨셉 아트(코에이 테크모)

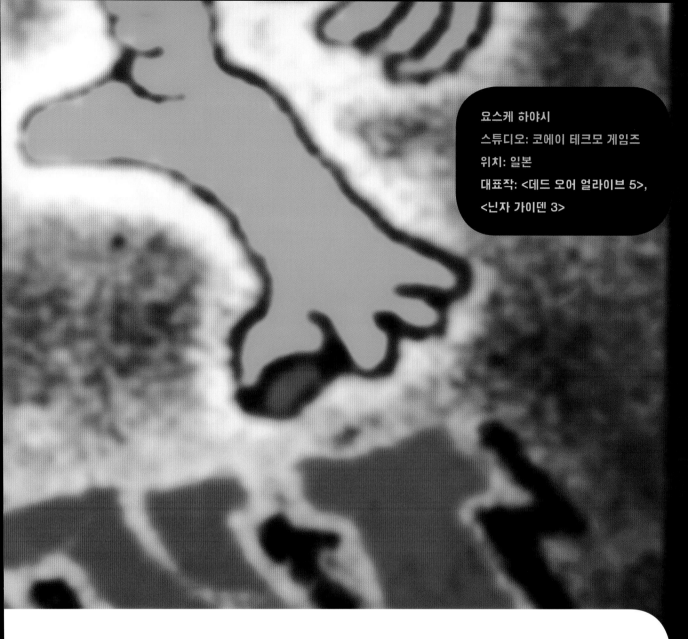

요스케 하야시
스튜디오: 코에이 테크모 게임즈
위치: 일본
대표작: <데드 오어 얼라이브 5>,
<닌자 가이덴 3>

하게 받아들이기는 쉽지 않다. 그러나 요스케 하야시 Yosuke Hayashi가 이타가키의 뒤를 이어 크리에이티브 디렉터가 됐을 때, 그와 개발팀은 이 시리즈의 아트를 새로운 방향으로 바꿔 보기로 결정했다. 실제 무술가처럼 땀방울을 흘리는 사실적 캐릭터를 만들기로 한 것이다.

"격투 게임에서 주변 환경은 공격을 받아 황폐해

지지만, 정작 캐릭터는 변하지 않는다는 사실이 늘 이상하다고 생각했어요. 마치 캐릭터와 주변 환경이 단절된 느낌이었거든요." 하야시가 설명했다. "이런 이유에서 우선 땀과 얼룩 효과부터 넣기로 결정했습니다. 이를 통해 캐릭터가 대전을 진행함에 따라 점점 지저분해지는 모습을 만들 수 있었습니다."

"땀과 얼룩을 통해 캐릭터가 정말 혼신을 다해 싸

웠고, 캐릭터가 주변 환경의 일부라는 인상을 줄 수 있었습니다. 그러자 사실적으로 묘사된 캐릭터가 더 설득력 있게 느껴졌습니다."

그러나 이 새로운 아트 디렉션으로 인해 〈데드 오어 얼라이브 5〉에는 다른 격투 게임에서 쉽게 경험할 수 있는 현란한 메카닉이 부족해졌다. 전투 시스템의 경우에도 사실적인 잡고 던지기와 간결한 공격에 중점을 뒀다. 이런 상황에서도 플레이어의 흥미를 유지하기 위해, 하야시와 개발팀은 시리즈 특유의 유머를 살리기 위해 더 세심한 주의를 기울였다. 예를 들어, 어떤 대전에서는 비키니를 입은 여성이 산타클로스 복장을 한 러시아 용병과 싸운다. 모든 관객을 즐겁게 해주기 위한 것이었다.

"〈스트리트 파이터〉 같은 격투 게임의 현란함에 비하면, 〈데드 오어 얼라이브〉는 그렇게까지 시각적으로 역동적이지는 못해요. 저희 게임의 시장 경쟁력은 특유의 유머에 있습니다." 하야시는 말했다.

"다른 대전 격투 게임들과 비교하자면, 유머가 저희 게임을 다른 게임과 구별해 주는 요소라고 생각했습니다." 하야시가 덧붙였다. "또 다른 차별점을 들라면 메인 캐릭터가 여성이라는 점입니다. 실제 격투가 중에는 여성이 그리 흔하지 않으니까요."

물론 섹시한 여성, 남성 캐릭터도 핵심적인 차별 요소다. 〈데드 오어 얼라이브 5〉는 유머 있는 디자인을 추구했음에도 불구하고, 노골적인 섹슈얼리티sexuality 묘사로 인해 적지 않은 비난을 들어야 했다.

게임의 금기

일부 서구 비평가들은 〈데드 오어 얼라이브 5〉를 현재 시장에서 가장 선정적인 게임 중 하나로 꼽는다. 그러나 하야시는 자신들의 게임이 일본의 문화적 맥락에서는 불쾌감을 줄 정도의 게임은 아니라고 주장한다.

"확실히 말할 수 있는 것은 천박하고 값싼 취향의 게임을 만들 생각은 없었다는 점이에요." 하야시가 말했다. "저희 캐릭터가 섹시하거나 귀여운 것은 사실입니다. 이 게임에 부여하고자 했던 개성을 부정하지는 않겠습니다. 하지만 사람들이 거부감을 느낄 정도의 선은 넘지 않으려 노력했습니다."

일본 게임의 섹슈얼리티 묘사와 서구 미디어의 섹슈얼리티에 대한 민감함은 종종 충돌하곤 했다. 〈데드 오어 얼라이브〉를 비롯해 플래티넘 게임즈Platinum Games의 〈베요네타 2Bayonetta 2〉, 바

오른쪽 페이지: 〈데드 오어 얼라이브 5〉 캐릭터 렌더링(코에이 테크모 게임즈)

Team NINJA

닐라웨어Vanillaware의 〈드래곤 크라운Dragon Crown〉 같은 게임은 섹슈얼리티에 대한 접근 방식으로 인해 서구에서 엄청난 비난을 받았다. 그러나 일본에서는 이런 게임들이 상대적으로 좋은 평가를 받아왔다.

스타일리시한 폭력

하야시는 스토리가 재빠르게 진행되는 잔혹 어드벤처 게임 〈닌자 가이덴 3Ninja Gaiden 3〉의 핵심 개발진 중 한 명이었다.

〈닌자 가이덴〉 프랜차이즈의 모든 게임은 뛰어난 검객이자, 궁수이자, 슈퍼 닌자인 류 하야부사Rue Hayabusa가 얼마나 효과적, 효율적으로 사람을 죽이는가를 중점적으로 보여준다. 〈닌자 가이덴 3〉도 예외는 아니다. 하야시의 손끝에서 하야부사는 모든 종류의 극단적인 아수라장을 만들어낸다. 선혈과 함께 사지가 절단되고, 적의 몸통에서 피가 분수처럼 뿜어져 나오기도 한다. 흡사 구로사와 아키라Kurosawa akira의 고전 사무라이 영화 《츠바키 산주로Tsubaki Sanjuro》를 연상시킨다.

일본과 서구의 미디어가 섹슈얼리티를 묘사하는 방식에서 차이를 보이듯, 폭력을 보여주는 방식에도 차이가 있다. 사실적 전투는 서구 게임 개발의 주된 특징이다(인기 있는 밀리터리 슈팅 게임인 〈콜 오브 듀티Call of duty〉나 〈배틀 필드Battlefield〉의 예가 보여주듯). 반면 일본 게임은 과도하게 스타일이 강조된, 심지어는 표현주의적이라고도 할 수 있는 폭력을 지향한다.

"서구에서는 게임이 사실적일수록 사람들이 더 쉽게 몰입하는 경향이 있습니다. 거기서 게임에 대한 정서적인 애착이 생기고, 따라서 궁극적으로 플레이어에게 더 큰 영향을 미칠 수 있습니다." 하야시는 말했다.

"그러나 일본 사람들은 이미 사실과 극도로 비슷한 것에는 별다른 흥미를 느끼지 못합니다." 하야시가 덧붙였다. "망가Manga를 예로 들어 볼게요. 망가는 믿기 어려울 정도로 폭력적일 수 있어요. 그러나 그것은 가상의 것이고, 전형적 판타지의 설정을 따릅니다. 감정을 자극해도 좋지만, 사실적이어서는 안 됩니다. 독자들은 망가에서 벌어지는 일이 자기 옆에 앉아있는 사람에게 벌어지길 원하지는 않으니까요."

하야시는 일부 주제는 다루지 말아야 한다는 생각에도 반대한다.

"게임에 금기가 있어서는 안 됩니다. 그 나이에 봐선 안 될 내용에 노출되지 않게 하기 위해 연령에 따른 등급이 존재하니까요." 하야시가 말했다. "제가 처음 게임을 접했을 때, 게임은 아이

들 장난감으로 여겨졌습니다. 그러나 요즘은 성인도 게임을 즐깁니다. 모두에게 적합하다는 E등급 게임만으로는 더 이상 충분하지 않다는 사실에 모두가 공감하리라 믿습니다."

하야시의 스타일리시한 성인 취향 작업은 팬과 미디어 사이에서 게임의 바람직한 모습에 대한 논의를 촉발시켰다. 만약 예술의 목적 중 하나가 상식에 도전하고, 논의를 촉발시키는 것이라면, 하야시의 도발적인 게임은 분명히 그 조건을 충족시키고 있다.

〈데드 오어 얼라이브 5〉 컨셉 아트(코에이 테크모 게임즈)

섹스와 폭력

팬들 사이에서는 SUDA51(일본어로 5를 의미하는 '고'와 1을 의미하는 '이치'를 이용한 말장난이다)로 더 유명한 고이치 스다^{Goichi Suda}는 게임 업계의 쿠엔틴 타란티노^{Quentin Tarantino}일지도 모른다. 스다의 게임은 다양하지만, 모두가 공통적으로 게임의 한계에 도전한다. 그의 게임은 관습을 넘어서며, 폭력적이면서 공격적이고, 무엇보다도 자신의 그런 모습을 날카롭게 인식하고 있다.

〈킬러 이즈 데드(KILLER IS DEAD)〉 게임 아트(그래스하퍼 매뉴팩처(Grasshopper Manufacture Inc.)/카도카와 게임즈(KADOKAWA GAMES))

SUDA51

스튜디오: 그래스하퍼 매뉴팩처

위치: 일본

대표작: <킬러 이즈 데드>, <롤리팝 체인소>, <섀도우 오브 더 댐드>

게임 기획에 대한 스다의 독특한 접근은 그가 사랑하는 프로레슬링에서 큰 영향을 받았다. 그의 게임은 극도로 과장된, 선과 악의 서사시적 대립을 보여준다. "제가 게임 기획자가 된 이유는 프로레슬링 게임을 만들고 싶었기 때문이었어요." 스다가 말했다. "늘 게임을 사랑해 왔어요. 그러나 직업으로서의 게임 개발은 다르다는 사실을 잘 알고 있었습니다. 아무나 쉽게 시작할 수 있는 일은 아니었죠. 그래서 유명한 프로 레슬링 잡지의 편집자 자리에 지원했습니다. 그러나 그 잡지사에서는 일자리를 찾을 수 없었어요. 다행히 프로레슬링 게임으로 유명한 휴먼Human이라는 회사에 입사했습니다."

스다는 프로레슬링이 만들어지는, 마치 한 편의 연극과도 같은 방식에 매료됐다. 프로레슬링에서 보

이는 과장된 행동이 스다의 게임에서 공통적으로 자주 등장하는 것도 이상한 일은 아니다. "프로레슬링을 단지 스포츠와 엔터테인먼트로 사랑하는 것이 아닙니다. 제게 프로레슬링은 하나의 예술입니다." 스다는 말했다. "레슬러가 움직이고 자신을 표현하는 행동 하나하나는 일종의 연기입니다. 그런 사실이 저를 매료시킵니다."

프로레슬링에 대한 그의 열정은 다양한 게임 개발에 영향을 미쳤다. "처음 휴먼에서 기획자로 일을 시작한 것도 정말 다행이었습니다." 스다는 말했다. "그때는 새로운 게임에 대한 아이디어를 계속해서 뽑아내야 했습니다. 휴먼이 프로레슬링 게임으로 유명했지만, 늘 다른 게임 개발에도 욕심을 냈기 때문이었어요. 언제나 새로운 게임을 고안해야 한다는 개발 철학은 저의 일부가 됐습니다."

전기톱을 든 치어리더

현재 스다는 경호GungHo 온라인 엔터테인먼트 소속 그래스하퍼 매뉴팩처Grasshopper Manufacture의 CEO로서 자신의 개발팀을 이끌고 있다. CEO가 된 이후, 스다는 게임 개발에 대한 자신의 생각을 실제로 펼쳐 볼 수 있었다. 〈노 모어 히어로즈No More Heroes〉나 〈킬러 7Killer 7〉 같은 게임이 비평가들 사이에서 좋은 평가를 받았지만, 백만 장 이상 팔리며, 세계 시장에서 상업적 성공을 거둔 첫 프로젝트는 〈롤리팝 체인소LOLLIPOP CHAINSAW〉였다.

〈롤리팝 체인소〉는 좀비 사냥꾼이 된 십대 치어리더의 이야기를 다룬다. 핑크색 전기톱을 무기로 선택한 주인공은 각 음악 장르를 상징하는 보스 좀비들이 이끄는 좀비 침공을 막기 위해 퀘스트를 시작한다.

"예전부터 좀비 또는 호러 게임을 만들고 싶었습니다." 스다가 설명했다. "그런데 많은 좀비 게임들은 공포감을 목표로 하는데, 그런 방향으로 만들고 싶지는 않았어요. B급 영화와 유사한 무언가를 만들고 싶었습니다. 저는 생각했습니다. '여기 좀비가 있다. 그러면 누가 좀비를 죽여야 할까?' B급 영화의 또 다른 단골 소재인 치어리더가 떠올랐습니다. 이제 무기가 필요했습니다. 오직 전기톱chainsaw만이 어울린다는 사실을 직감적으로 깨달았죠." 그는 농담처럼 얘기했다. 주인공인 줄리엣 스탈링은 이렇게 탄생했다.

〈롤리팝 체인소〉는 건장한 남자 주인공이 위기에서 여성을 구하는, 비탄에 빠진 여성damsel-in-distress이라는 게임 업계의 전형을 의도적으로 전복한다. 〈롤리팝 체인소〉에서 구원을 주는 캐릭터는 줄리엣이다. 남자 친구 닉이 좀비에게 공격

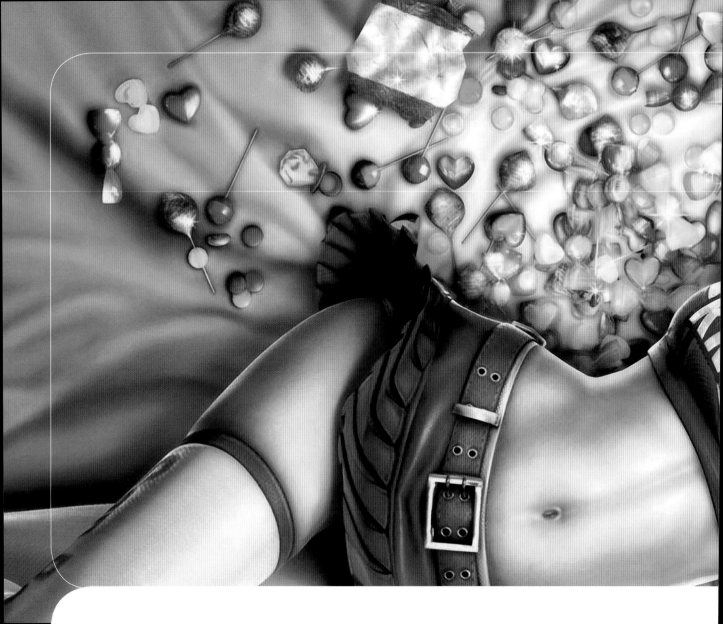

받자, 머리를 잘라서 남자 친구를 구원한다. 그러나 닉의 잘려진 머리는 여전히 살아있다.

줄리엣은 닉의 머리를 갖고 다니며, 온갖 일들을 시킬 수 있다. 예를 들어, 머리가 없는 좀비의 몸통에 닉의 머리를 붙이고, 자신은 치어리더 안무에 따라 춤을 출 수 있다. 또는 닉의 머리를 도구로 사용해서 길을 가로막는 장애물을 치우기도 한다.

이 게임은 독특하게도 음란한 생각을 하는 플레이어를 부끄럽게 만든다. 예를 들어, 플레이어가 화면 시점을 움직여서 줄리엣의 치마 속을 볼 경우, 엑스박스Xbox 또는 플레이스테이션의 성취 트로피를 받게 된다. 〈롤리팝 체인소〉는 스스로의 명성을 정확히 알고 있다. 그리고 파격적인 예술 작품이 되기 위해, 이러한 디테일들로 사람들의 예상을 뛰어넘으려

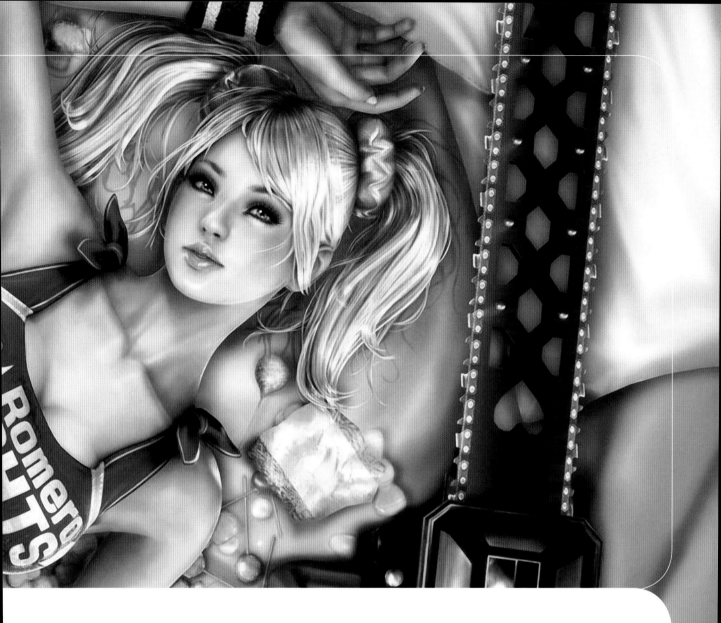

한다. 물론 모두가 이들의 스타일을 높이 평가하는 것은 아니다.

"게임마다 포지셔닝을 고민해야 합니다." 스다가 말했다.

'모두를 위한 게임을 만들 것인가? 아니면 우리만의 주제를 더 깊이 파고들 것인가' 어려운 결정이죠. 때때로 비평가나 커뮤니티로부터 기대했던 반응을 얻습니다. 그건 매우 즐거운 일입니다. 그러나 그

렇지 못한 경우도 있습니다. 당연히 모든 게임의 목표는 최대한 많은 사람이 그 게임을 플레이하는 겁니다. 이 사실을 늘 상기하려 합니다. 그러나 때로는 깊이 있는 게임을 만들어서 영화나 소설에 버금가는 통찰력을 보여주고 싶다는 욕심이 들기도 해요."

많은 이들은 예술의 목표가 한계를 넘어서는 것이라 말한다. 스다는 〈롤리팝 체인소〉를 통해 노골적 섹슈얼리티, 비탄에 빠진 여성, 성gender 일반에 대한

우리의 생각을 되돌아보게 하면서, 예술이 목표 하는 바를 이뤄냈다.

빛과 그림자

스다의 〈킬러 이즈 데드KILLER IS DEAD〉는 핵앤슬 래시hack-and-slash(근접 무기를 이용한 전투에 중점을 둔 게임 플레이 스타일을 지칭한다. - 옮긴이) 스타일의 액션 게임이다. 플레이어는 인공적으로 강화된 암살자가 되어 범죄자를 처단한다. 이 게임의 가장 두드러진 특징은 아트 스타일이다. 셀 셰이딩을 이용한, 만화 같은 느낌으로 그려진 어둡고 암울한 이 폭력 스릴러는 프랭크 밀러Frank Miller의 그래픽 노블 『신 시티』와 유사한 미학을 담고 있다.

"이런 유사성은 의도적인 것이었습니다." 스다가 말했다. "빛과 어둠의 강한 대비에 늘 매력을 느꼈어요. 일본과 미국 문화 모두에서 통할 수 있는 영원한 주제가 아닐까 합니다."

〈킬러 이즈 데드〉의 아트는 강렬한 명암 대비에 주력했다. 스다에 따르면 그는 그림자를 인간 감정의 어두운 측면을 탐색하기 위한 메타포로 사용하려 했다. "이 게임 속의 모든 것이 초현실적 또는 극사실적으로 느껴지기를 바랐습니다. 우리가 일반적으로는 볼 수 없는 세계를 묘사하려 했기 때문입니다. 여기서는 이 세상의 이면과 그 안에서 살고 있는 사람들을 보게 됩니다." 스다는 설명했다. "결코 일상적으로는 경험할 수 없는 세계에서 사람들이 내적으로 겪는 갈등을 표현하고 싶었습니다. 그래픽, 분위기, 게임 플레이 등의 모든 요소는 바로 이 주제를 부각시키기 위해 계획됐습니다. 제 보기엔 괜찮은 결과로 이어진 것 같아요."

그라인드하우스 협업

스다의 장대한 그라인드하우스grindhouse(선정적인 B급 영화 또는 그런 영화를 주로 상영하는 극장을 지칭한다. - 옮긴이) 스타일 게임인 〈섀도우 오브 더 댐드 Shadow of the DAMNED〉는 그의 유연한 창의력을 한결 명확하게 보여준다. 이 게임에서는 가르시아 핫스퍼라는 이름의 다재다능한 터프 가이가 등장한다. 그는 지하 세계의 제왕인 플레밍으로부터 야한 옷을 즐겨 입는 여자 친구 폴라를 구하기 위해 총을 집어 든다. 근래에 많은 영화 감독들은 저급한 필름과 값싼 특수 효과로 대변되는 그라인드하우스 영화의 전통을 의도적으로 도입함으로써 좀 더 복잡한 메시지를 전달하려 했다. 〈섀도우 오브 더 댐드〉도 그 흐름에 동참했다.

〈섀도우 오브 더 댐드〉는 제멋대로인 데다가 조악하다. 그리고 스다의 다른 게임처럼 자신의

왼쪽 페이지: 〈킬러 이즈 데드〉 박스 아트(그래스하퍼 매뉴팩처/카도카와 게임즈)

장르를 패러디한다. 이 게임은 스다의 회사가 경호에 인수되기 전에 개발됐고, 독립 개발사가 대형 예산으로 게임을 만들 때 마주하는, 창작과 관련된 몇몇 문제점을 잘 보여준다. 〈섀도우 오브 더 댐드〉를 제작하기 위해 스다는 EA(일렉트로닉 아츠Electronic Arts)와 〈레지던트 이블Resident Evil〉의 크리에이터인 신지 미카미Shinji Mikami와 함께 일했다. "저희는 EA와 긴밀하게 협업했습니다. 이 게임이 바로 그 협업의 결과였습니다." 스다가 말했다.

창의적인 사람들이 함께 일할 때 발생하는 불가피한 시각 차이에도 불구하고 스다는 퍼블리셔 publisher와의 작업을 긍정적으로 평가했다. "퍼블리셔와 일하다 보면 만족스럽지 못한 일도 벌어집니다. 하지만 재정적 측면에서 일종의 보호를 받는 것도 사실이고요."

"궁극적으로 퍼블리셔와 함께 일하는 이유는 하

나입니다. 대부분의 퍼블리셔는 게임을 많이 팔아서 수익을 남기려 합니다. 개발자인 저희 역시 가급적 많은 사람이 우리가 만든 게임을 플레이하기를 원하죠. 다른 방식으로 표현될지는 몰라도, 실질적으로는 목표가 일치합니다. 전반적으로, 퍼블리셔와 함께 일한 것은 매우 좋은 경험이었습니다."

스다에게선 결코 멈춰 서려는 모습이 보이지 않는다. 특정 장르에 묶여 있는 일부 게임 개발자를 생각하면, 스다에 대해서는 확신할 수 있는 사실이 하나 있다. 그의 차기작이 어떤 게임이 될지 누구도 예상하지 못한다는 점이다.

이전 페이지: 〈킬러 이즈 데드〉 컨셉 아트(그래스하퍼 매뉴팩처/카도카와 게임즈
위: 〈섀도우 오브 더 댐드〉 게임 아트(그래스하퍼 매뉴팩처)

장 대 한
퀘 스 트 와
일 상 생 활

미소녀와 패러디

아이디어 팩토리Idea Factory의 자회사인 일본 게임 개발사 컴파일 하트Compile Heart는 〈초차원 게임 넵튠Hyperdimension Neptunia〉, 〈페어리 펜서 FFairy Fencer F〉 등 귀여운 미소녀 캐릭터가 등장하는 기발한 일본풍 RPGJRPG 게임으로 알려져 있다. 그러나 한편으로는 컴파일 하트의 가장 인기 있고 수익성 높은 프랜차이즈들은 좋은 취향의 한계를 넘어, 지나치게 성적 매력을 부각시키는 것으로 악명이 높다. 〈초차원

이전 페이지: 〈페어리 펜서 F〉 컨셉 아트(컴파일 하트)

나오코 미즈노와 츠나코

스튜디오: 아이디어 팩토리

위치: 일본

대표작: <페어리 펜서 F>, <초차원 게임 넵튠>

게임 넵튠>에 대한 가장 흔한 비판 중 하나는 이 게임이 사회성이 결여된 십대 소년들을 노리고, 전형적인 남성적 시각에서 만든 선정적 시리즈라는 지적이다. '성차별적' 내지는 '변태적'이라는 수식어는 이들 게임의 리뷰에서 어렵지 않게 찾을 수 있다.

이러한 명성을 감안했을 때, <초차원 게임 넵튠>과 <페어리 펜서 F>가 실제로는 여성 아티스트로 구성된 태그 팀에서 개발됐다는 사실에 깜

위: <페어리 펜서 F> 게임 아트(컴파일 하트)

짝 놀랄지도 모른다. 프로듀서이자 크리에이터인 나오코 미즈노Naoko Mizuno와 디자이너인 츠나코Tsunako가 바로 그들이다.

선정적인 게임을 만들려는 의도는 없었다. 오히려 이들이 의도한 것은 게임 업계에 만연한 선정성에 대한 패러디였다.

미즈노는 게임에서의 코미디와 패러디에 늘 관심을 가져왔다. "코미디적 요소가 있는 게임을 만들고 싶었어요. 저는 웃는 것을 좋아해요. 심각한 게임은 그런 게임을 잘 만드는 사람들의 몫으로 남겨두려고요." 미즈노는 웃으며 말했다. "제가 심각한 게임을 만들면, 정작 출시할 때는 제가 본 중 가장 웃긴 게임이 돼 있을지도 몰라요."

그녀의 게임 중 가장 큰 인기를 끌었던 〈초차원 게임 넵튠〉은 게임 업계를 하나의 판타지 세계로 재해석한 삼부작이다. 게임 속 세계에서는 실제 게임 업계의 대형 개발사가 국가가 되고, 각 게임 콘솔은 미소녀가 된다. 이 소녀들은 게임 업계의 관행에서부터 팬들의 행태까지 모든 것을 조롱하는 퀘스트를 시작한다. 가벼운 마음으로 즐길 수 있는 다소 황당한 게임이지만, 이 안에는 게임 업계에 대한 진지한 비판이 들어있다.

예를 들어, 게임 업계를 모에화된(귀여운) 미소녀 캐릭터로 만드는 과정에서, 미즈노와 츠나코는 게임 업계가 제품을 만들고 판매하는 방식을 탐구할 수 있었다.

캐릭터 개발

"캐릭터를 디자인할 때, 각 콘솔의 색상이나 모양 같은 특징적 외형을 찾아내기 위해 애썼습니다." 츠나코는 말했다. "당연히 하드웨어 전체를 그대로 옮길 수는 없었어요. 아주 멀리서 바라보듯, 콘솔의 전체적인 디자인을 보려 했습니다."

츠나코의 디자인을 보완하기 위해, 캐릭터의 성격은 각 콘솔에 대한 평판을 패러디했다. 엑스박스를 모델로 한 캐릭터 버트는 어른처럼 행동하려 애쓴다. 그러나 결국은 다른 캐릭터처럼 자신도 청소년에 불과하다는 사실을 깨닫는다. 이런 방식으로 게임은 엑스박스가 어른스러운 콘솔이라는 생각을 비웃는다. 위Wii를 상징하는 캐릭터는 어린이에게 매우 친절하지만, 가족 친화적이 아닌 모든 것을 냉대한다. 게임에서 성인적 요소를 완전히 제거하는 닌텐도를 조롱한 것이다.

여전히 의문은 남는다. 왜 굳이 미소녀 캐릭터여야 하는가? 츠나코는 자신이 어렸을 때, 수많은 일본 고전 RPG를 플레이하지 못하고 지나쳤다고 말했다. 따라서 일본 고전 RPG 스타일은 그에게 별다른 영향을 미치지 못했다. 어떤 영향의 부재

왼쪽 페이지: 〈초차원 게임 넵튠 리;버스 2 - 한정판〉 박스 아트(아이디어 팩토리/컴파일 하트/페리스텔라(Felistella))
다음 페이지: 〈초차원 게임 넵튠〉 게임 아트(아이디어 팩토리/컴파일 하트/페리스텔라)

하에서, 츠나코는 캐릭터 디자인에 대한 자신만의 방법을 찾아갔다. 그리고 그녀는 단지 귀여운 것들을 좋아했을 뿐이다.

"성장하면서 인기 있는, 좀 더 진지한 판타지 게임들을 제대로 플레이하지 못했습니다." 츠나코가 말했다.

"어렸을 때부터 어린 소녀들이 흔히 좋아하는 애니메이션이나 만화의 그림 스타일보다는 모에 스타일에 더 큰 흥미를 느꼈어요. 성인이 된 이후에는 소년들이 좋아할 만한 스타일에 더 많은 영감을 받았습니다. 게임에서 전통적으로 사용되는 부류의 아트 스타일에서는 별다른 영향을 받지 않았던 것 같아요. 그래서 결국 모에 스타일의 캐릭터를 그리기 시작했어요. 저의 모에화된 캐릭터 디자인은 인기를 끌었고, 그때부터 계속 그 스타일로 작업하기로 결심했던 거죠. 이와 같은 스타일이 〈초차원 게임 넵튠〉의 주제와 잘 들어맞은 건 정말 행운이었어요."

균형을 잡다

미즈노에 따르면, 그들의 아트 스타일은 풍자라는 측면에서 개발팀에게 더 많은 자유를 줬다. 귀여운 캐릭터를 아주 진지하게 받아들이지 않기 때문에, 풍자의 대상이 되는 개발자와 개발사의

기분을 상하게 할 위험이 적었기 때문이다. 적어도 문화적으로 이런 유머를 이해하는 분위기의 일본에서는 그랬다.

"게임 업계 자체에 관한 시리즈를 만들 때, 섬세하게 균형을 잡아야 했습니다." 미즈노가 말했다. "첫 게임부터 우리는 스스로에게 물었어요. '어디까지가 한계일까?' 우리 비전을 양보할 생각은 없었어요. 하지만 다른 한편으로 저희가 계속해서 게임을 만들 수 있는 이유는 우리 게임이 사람들을 웃게 하고 즐겁게 만들기 때문이거든요. 사람들의 감정을 해치는 그런 패러디를 만든다면, 이 시리즈를 계속 롱런시킬 수 없을 거라고 생각합니다."

게임 기획과 캐릭터의 성격을 통해 게임 업계의 정치학을 고찰한 미즈노와 츠나코의 게임을 단순히 선정적이라고만은 치부할 수 없다. 〈초차원 게임 넵튠〉은 일각에서 자신이 비난받은, 바로 그 부분을 의도적으로 비웃고 패러디하는 게임이다.

요정과의 펜싱

〈초차원 게임 넵튠〉 시리즈 이후, 미즈노와 츠나코는 〈페어리 펜서 F〉를 위해 다시 한 팀으로 뭉쳤다.

〈페어리 펜서 F〉 역시 가볍게 즐길 수 있고,

코미디적 요소가 가미된 게임이다. 그러나 〈초차원 게임 넵튠〉보다는 터무니 없는 요소가 조금 줄어들었고, 전통적인 일본 RPG 구조에 바탕을 두고 있다. 이 게임에서 플레이어는 엑스칼리버 같은 검을 바위에서 뽑아낸 남자 주인공을 플레이한다. 그런데 이 검이 여자 요정으로 밝혀지고, 주인공과 검의 요정은 다른 요정과 그 검의 주인인 펜서fencer들을 찾아 도움을 주는 퀘스트를 시작한다.

〈페어리 펜서 F〉는 〈초차원 게임 넵튠〉에 비해서 인간 관계를 조명하는 데 주력한다. 게임은 종종 펜서와 요정 간의 밀접한 관계를 감동적으로 그려낸다. 그리고 각 개인의 정체성과 서로 다른 성격이 어떻게 관계 안에 있는 두 사람 모두의 성공에 도움이 되는가를 강조해서 보여준다.

예를 들어, 게임의 핵심적 메카닉 중 하나는 펜서의 공격력과 방어력을 높이기 위해서 검의 요정이 펜서를 찌르는 것이다. 두 개인 간의 관계가 완전한 신뢰와 투명성에 의해 강화될 수 있다는 사실을 보여주는 간결하지만, 효과적인 은유라고 할 수 있다.

미즈노는 가볍게 즐길 수 있는 게임을 만들고 싶어 한다. 그러나 계속해서 재미있는 시나리오를 써내는 일이 쉽지만은 않다. "프로듀서로서 해야 할 일이 너무 많다는 사실에 때로는 머리가 터져버릴 것 같아요." 미즈노는 웃으며 말했다. "사실 〈초차원 게임 넵튠〉 시리즈를 제작할 기회를 얻기 전에 3D 아티스트로 일을 시작했습니다. 그래서 처음 게임을 제작할 때, 아티스트의 일과 프로듀서의 일을 제대로 구별하지 못해 어리둥절하기도 했어요."

"고맙게도 팀원들은 늘 협조적이었고, 〈페어리 펜서 F〉 같은 색다른 게임을 구상할 수 있게 도와줬습니다." 미즈노는 덧붙였다. "저는 우리가 해왔던 일에 대해 큰 자부심을 느끼고 있어요."

새로운 캐릭터

미즈노가 프로듀서로서 시나리오와 씨름하고 있는 동안, 츠나코 역시 자신만의 도전에 직면해 있다. 그녀는 매년 최대 4개의 컴파일 하트의 게임에 등장하는 새로운 캐릭터들을 디자인한다. 계속해서 새로운 캐릭터를 디자인하는 것이 결코 쉬운 일은 아니다.

"당연해요. 끊임없이 계속해서 새로운 캐릭터를 디자인하는 일은 매우 힘든 일입니다." 츠나코가 말했다.

"캐릭터 디자이너로서 저는 업무 지침에 따라 일하는데, 그런 방식이 도움이 됩니다. 시나리오

와 각 캐릭터의 성격이 제공되면, 그 성격에 맞는 디자인을 고안하기 시작합니다."

"지금까지 함께 일했던 사람들과 큰 충돌 없이 의견이 일치했다는 점은 정말 행운이었습니다." 츠나코가 덧붙였다. "그냥 시나리오를 읽고, 캐릭터에 대한 아이디어를 제시해 왔습니다. 그러면 그 아이디어가 완성된 게임까지 이어지곤 했어요."

"하지만 아직까지 제 최고의 작업물이 나왔다고는 생각하지 않아요. 〈초차원 게임 넵튠〉의 캐릭터에 각별한 애정을 갖고 있지만, 아직 부족한 부분이 많습니다. 어떻든 간에 한 명이라도 제가 만든 게임의 가치를 알고 즐겨준다면, 저의 작업은 성공한 것이라고 생각합니다."

새로운 세계를 만들다

2011년, 진도 9.0의 강진이 일본을 뒤흔들었고, 곧이어 거대한 쓰나미가 북부 지역을 강타했다. 이 비극적인 재해는 여러 도시를 완전히 파괴했고, 이제는 널리 알려진 후쿠시마 원자력 발전소에 심각한 피해를 줬다. 만 육천 명에 가까운 사람이 목숨을 잃었고, 육천 명 이상이 부상을 당했다.

이 재해는 일본인에게 큰 충격을 안겨줬다. 〈아틀리에〉 시리즈를

〈토토리의 아틀리에(Atelier Totori)〉 컨셉 아트(코에이 테크모 게임즈)

요시토 오카무라
스튜디오: 코에이 테크모 게임즈
위치: 일본
대표작: 아틀리에 시리즈 중 〈알란드〉 삼부작과
〈황혼〉 삼부작

다음 페이지: 〈샤리의 아틀리에(Atelier Shallie)〉 컨셉 아트(코에이 테크모 게임즈)

만든 코에이 테크모Koei Tecmo의 자회사 거스트GUST
의 아티스트들도 예외는 아니었다. 디렉터인 요시토
오카무라Yoshito Okamura에 따르면 결국 이 같은 정서
적 충격은 게임 개발에도 영향을 미쳤다. 지진이 발
생하기 직전에 거스트의 개발자들은 〈메루루의 아
틀리에: 알란드의 연금술사Atelier Meruru: The Apprentice of

Arland〉의 개발을 완료했다. 이 게임은 인기 있는 〈알
란드〉 삼부작의 마지막 편이었고, 그들은 새로운 삼
부작을 준비하고 있었다. 오카무라에 따르면 개발팀
은 새로운 〈아틀리에〉 시리즈를 시작할 때면, 늘 새
로운 주제를 찾는다. 지진을 겪은 이후, 그들은 거대
한 재해가 일본인들의 사고 방식에 끼친 영향에 대해

다뤄보기로 결정한다.

"저희의 기준에서 세 편의 〈알란드〉 시리즈는 매우 성공적이었습니다. 그러나 〈알란드〉 시리즈가 너무 밝고 생기 넘치는 분위기였기 때문에, 새로운 프랜차이즈를 좀 더 진지한 방향으로 끌고 갈 필요성에 공감했습니다." 오카무라가 말했다. "새로운 시리즈의 첫 게임을 기획하는 동안, 전 일본이 경험했던 지진과 쓰나미는 어떤 것도 당연히 받아들여서는 안 되며, 삶에서 품는 기대가 실현되지 못할 수 있다는 사실을 무겁게 상기시켰습니다."

그 결과가 바로 〈아샤의 아틀리에: 황혼 대지의 연금술사Atelier Ayesha: The Alchemist of Dusk〉, 〈에스카 로지의 아틀리에: 황혼 하늘의 연금술사Atelier Escha & Logy: Alchemists of the Dusk Sky〉, 〈샤리의 아틀리에: 황혼 바다의 연금술사Atelier Shallie: Alchemists of the Dusk Sea〉로 구성된 〈황혼DUSK〉 삼부작이다. 이 세 게임은 〈아틀리에〉 시리즈 중에서도 시각적, 주제적 측면에서 다른 게임과 차이를 보인다. 특히 화려한 색상의 기존 〈알란드〉 시리즈와는 확연히 구별된다. 그 이유는 〈황혼〉 시리즈의 세계가 천천히 죽어가고 있기 때문이다. 아티스트들은 황량한 분위기를 만들기 위해 차분한 색상, 척박한 환경, 슬픈 음악 등을 활용했다. 이를 통해 누구도 이 세계를 죽음의 고통에서 구할 수 없다는 느낌을 연출했다.

이러한 종말의 한가운데에서도 〈황혼〉의 캐릭터들은 사회를 이뤄 살아간다. 2011년 지진 이후의 일본인의 모습처럼, 그들은 힘을 합쳐 고통을 감내하며 살아간다.

"〈황혼〉의 주제가 갖는 암울함을, 사람들은 서로 조화를 이루며 살아갈 수 있다는 〈아틀리에〉 프랜차이즈의 전통적 주제와 대비시키고 싶었습니다." 오카무라가 얘기했다. "〈황혼〉 시리즈에서는 모든 날이 좋은 날은 아니에요. 그리고 행복역시 당연히 주어지거나 약속된 것이 아니고요."

"그러나" 그가 덧붙였다. "그런 황폐한 세상에서 살고 있음에도, 사람들은 여전히 행복을 느끼고, 자신들이 얼마나 운이 좋은지 잘 알고 있죠."

전통을 지키며

〈알란드〉에서 〈황혼〉으로 오면서 보여준 변화에도 불구하고, 〈아틀리에〉 시리즈를 관통하는 몇몇 전통은 여전히 남아있다. 이 전통을 통해 플레이어들은 그들이 사랑하는 프랜차이즈의 게임들 사이에서 연속성을 확인할 수 있다.

〈아틀리에〉 게임에서 나무통을 보면 주인공은 "타루!(일본어로 나무통을 의미한다)"라고 외친다. 이

행동은 게임 속에서 특별한 의미가 없는 재미있는 장난에 불과하다. 그러나 게임 경험의 일부로 확고히 자리잡았기 때문에 〈아틀리에〉의 오래된 팬이라면 누구나 이 부분을 기대하게 된다.

"이 전통은 첫 타이틀인 1997년의 〈마리의 아틀리에Atelier Marie〉에서 시작됐습니다. 처음에는 프로그래머 한 명이 장난으로 갖고 놀던 부분이었어요. 곧 저희도 모두 매우 재미있게 받아들였고, 게임에 포함하게 됐습니다." 오카무라가 웃으며 말했다. "게임 속의 대상과 상호작용할 수 있는가 여부는 중요했습니다. '타루'는 플레이어에게 귀엽고 재미있는 요소로 여겨졌고, 그때부터 우리 시리즈만의 작은 재미로 가져가게 됐어요."

시리즈를 구성하는 총 16개 게임 중에 몇몇 게임에서만 남자 캐릭터가 주인공을 맡고 있다. 〈아틀리에〉 시리즈는 여성 캐릭터가 주인공으로 등장하는 일본 RPG 게임 중에서, 남성 플레이어를 충족시키기 위해 여성 캐릭터를 성적 대상으로 삼거나 노골적으로 선정적이게 묘사하지 않는 몇 안 되는 게임으로 높이 평가받고 있다.

"남성과 여성 모두가 동등하게 즐길 수 있는 시리즈를 만들고 싶었습니다." 오카무라가 말했다. "여성 캐릭터가 주인공으로 등장하는 일본 RPG 게임은 여전히 많아요. 이런 현실에서 저희가 노력하는 바는 여성 캐릭터를 지나치게 모에화된 캐릭터 또는 성적 대상으로서의 캐릭터로 만들지 않음으로써 스스로를 차별화하는 것이었습니다. 극단에 치우치지 않는 방법으로 더 많은 이들에게 호소할 수 있기를 바랍니다."

〈아틀리에〉 시리즈의 여러 매력적인 특징들은 오카무라 개인의 게임 플레이 경험에서 영감을 받았다.

RPG에서의 삶

오카무라는 경력의 모든 시간을 거스트에서 보냈다. 그러나 게임 개발에 대한 열망은 처음 게임을 플레이한 순간부터 시작됐다.

"패미콤을 플레이하면서, 내가 캐릭터를 조작할 수 있고, 게임 속 세상과 상호작용할 수 있다는 사실에 큰 매력을 느꼈습니다." 오카무라가 말했다. "저는 어려서부터 독서를 즐겼고, 상상력을 필요로 하는 모든 활동을 좋아했습니다. 〈위자드리Wizardry〉나 〈울티마Ultima〉 같은 게임에 빠져든 것도 그런 성향 때문이었어요."

"그러다가 그런 게임 속에서 이야기가 어떻게 발전해야 할지 생각하기 시작했습니다. 그때 이후로 항상 게임을 만드는 사람이 돼야겠다는 꿈을 품어 왔습니다."

오른쪽 페이지: 〈로로나의 아틀리에(Atelier Rorona)〉 박스 아트(코에이 테크모 게임즈)

최근 들어 오카무라는 다른 일본 RPG 못지않게 서구 RPG로부터 많은 영감을 얻고 있다. 특별히 그의 관심을 끄는 게임은 〈스카이림Skyrim〉, 〈매스 이펙트〉, 〈드래곤 에이지〉 같은 개방형 월드를 가진 게임들이다. 이들 게임에서는 플레이어가 스토리에 영향을 줄 수 있는 정도가 크기 때문이다. 그러나 〈스카이림〉을 위대한 게임으로 만든 요소를 자신의 게임에 그대로 적용시킬 수 없다는 사실을 잘 알고 있다.

"〈스카이림〉에서 일부 요소를 가져와 〈아틀리에〉에 이식해보고 싶은 의향도 있습니다." 오카무라가 말했다. "〈스카이림〉에서와 완전히 같지는 않을 겁니다. 몇몇 요소를 가져와서 일본 플레이어들이 좋아하는 방식으로 바꿔서 사용하게 되겠지요. 예를 들어 〈스카이림〉의 높은 자유도를 생각할 수 있습니다. 그러나 일본적 관점에서, 〈스카이림〉 수준의 폭력적인 대규모 전투를 저희 게임에 그대로 넣을 수는 없습니다. 저희 팬들은 무엇보다도, 다른 캐릭터를 돕고, 다른 캐릭터와 함께 이뤄내는 경험을 얻기 위해 저희가 만든 게임을 플레이하기 때문입니다."

시간이 흐르며 〈아틀리에〉 시리즈는 오카무라에게 자식과도 같은 존재가 됐다. 대부분의 다른 개발자들은 이런 경험을 갖지 못했을 것이다. 그는 이 시리즈가 계속 성장하고 발전할 수 있는 방법을 모색하고 있지만, 〈아틀리에〉는 핵심에 있어서 여전히 놀라울 정도로 단순하고, 순수한 컨셉을 따르고 있다.

"〈아틀리에〉가 수많은 일본 RPG와 차별화되는 지점은 〈아틀리에〉와는 달리 기존 게임들에는 거대한 최종 목표와 극복해야 하는 서사시적 모험이 있다는 점입니다." 오카무라가 말했다.

〈아틀리에〉는 일본 RPG 게임이다. 그러나 오카무라는 같은 일본 RPG인 〈파이널 판타지〉보다는 오히려 가벼운 농장 경영 시뮬레이션 게임인 〈하베스트 문Harvest Moon〉을 지향했다. 그래서 〈아틀리에〉 게임들은 단순한 전투와 모험 이상의 것을 담고 있다. 실제로 플레이어는 그냥 게임 속 캐릭터의 삶을 살아갈 것을 주문받기도 한다.

"〈아틀리에〉에서는 플레이어가 캐릭터와 연결되기를 원했습니다." 오카무라가 말했다. "일상을 살아가는 우리 대부분의 모습처럼, 게임 속 캐릭터 역시 세상을 바꾸는 일보다는 소소한 개인적 목표에 더 큰 관심이 있습니다."

웃음과 부조리

아이디어 팩토리는 독특하고, 솔직히 말하면 다소 괴상한 게임을 만드는 것으로 유명한 개발사 겸 퍼블리셔다. 〈무겐 소울즈Mugen Souls〉나 〈초차원 게임 넵튠〉 같은 다소 기이하지만 훌륭한 일본 RPG부터 〈하쿠오우키Hakuouki〉 시리즈 같은 비주얼 노블에 이르기까지, 아이디어 팩토리의 게임들은 온갖 종류의 스타일과 주제를 거쳐왔다. 아티스트이자 기획자인 마코토 키타노Makoto Kitano는 그중에서도 가장 특

〈소서리 사가(Sorcery Saga)〉 게임 7아트(컴파일 하트(Compile Heart)/제로디브(Zerodiv)/D4 엔터프라이즈(D4Enterprise Co., LTD)

마코토 키타노
스튜디오: 아이디어 팩토리
위치: 일본
대표작: <몬스터 몬피스>, <소서리 사가: 위대한 카레 신의 저주>

이한 타이틀들을 제작해 왔다.

컴파일 하트의 일부로, 아이디어 팩토리에 있는 개발팀에 속한 키타노는 <소서리 사가: 위대한 카레 신의 저주Sorcery Saga: Curse of the Great Curry God>로 가장 잘 알려져 있다. 이 일본 RPG의 핵심 메카닉은 요리와 카레 먹기에 기반한다. 또 다른 대표작인 <몬스터 몬피스Monster Monpiece>는 다소 도발적이며, 심지어 외

설적이기도 한 메카닉을 가진 디지털 카드 대전 게임이다. 이 게임들은 이제까지 경험하지 못한, 전혀 새로운 게임 플레이를 제공한다. 그러나 정작 키타노는 아이디어를 아주 평범한 곳에서 찾는다고 한다. 때로는 모든 요소를 갖춘 완성된 게임을 하나의 단어 내지는 간단한 컨셉에서 착안하기도 한다.

"<소시리 사가>는 <마도물어Madou Monogatari> 시리

즈의 정신적 후속작이라고 할 수 있습니다." 키타노는 말했다. "이 시리즈에서는 카레^{curry}라는 단어가 자주 등장하는데, 재미난 이야기로 발전시킬 수 있는 충분히 부조리한 단어로 여겨졌어요. 최종적으로 저희가 만들려는 게임은 플레이어가 무수히 많은 몬스터와 싸우는 일본풍 RPG였습니다. 그런데 전투에서 물리친 몬스터가 야채나 기타 요리 재료로 변한다면 정말 재미있을 것 같다는 생각이 들었어요. 카레를 먹고, 강해지고, 더 어려운 전투를 벌이는 과정을 반복하는 거죠."

〈소서리 사가〉는 로그 스타일^{Roguelike} RPG 게임(RPG 게임의 하위 장르로서, 1980년에 출시된 던전 탐험 게임인 〈로그^{Rogue}〉의 특징들을 전부 또는 부분적으로 지닌 게임을 가리킨다. - 옮긴이)이다. 로그 스타일에서 플레이어는 단 하나의 캐릭터를 플레이한다. 가능한 한 깊은 곳까지 던전을 탐험하는 것이 게임의 주된 목표다. 그러나 캐릭터가 죽으면 탐험은 끝난다. 플레이어는 모든 경험치와 수집품을 잃고 다시 처음으로 되돌아가야 한다. 플레이에 투자했던 모든 시간이 그대로 사라지고, 플레이어에게 남은 선택은 처음부터 다시 시작하는 것뿐이다.

같은 플레이를 계속해서 반복하는 일이 지겹게 들리지도 모른다. 그러나 로그 스타일 게임은

한 번에 모든 것이 걸린 만큼 단단히 마음먹은 플레이어에게는 재미있는 도전이 될 수 있다. 그러나 사실상 게임을 끝내기가 불가능에 가깝기 때문에 키타노는 폭넓은 대중에게 다가가는 데 한계가 있다고 봤다. 그와 개발팀은 〈소서리 사가〉를 모두가 즐길 수 있는 게임으로 만들려 했다. 이를 위해 끝없이 계속되는 게임 플레이를 수정해서, 일부 아이템을 보관할 수 있고, 몬스터에게 당할 경우 진행 상황을 저장할 수 있게 만들었다.

플레이어를 고려하며 게임을 만들겠다는 바람은 키타노로 하여금 팀 전체의 창의적 아이디어를 포용하게 하는 원동력이 됐다.

팀의 창의력을 포용하다

프로듀서로서 키타노는 자신이 참여한 게임에 대해 최종적인 책임을 진다. 그러나 리더로서의 키타노는 가능한 한 다양한 의견을 수렴하는 방식을 선호한다. 부조리하고 웃긴 게임을 개발할 때 장점 중 하나는 아주 이상한 컨셉들을 섞고, 조합해서 제대로 된 게임을 만들 수 있다는 점이다.

"팀에 있는 누구라도 우리가 만드는 황당한 아이디어에 생각을 보탤 수 있습니다." 키타노가 말했다. "일러스트레이터, 시나리오 작가, 사운드 디자이너 등 모두가 자신의 생각을 밝힙니다. 그

오른쪽과 다음 페이지: 〈소서리 사가〉 게임 아트(컴파일 하트/제로디브/D4 엔터프라이즈)

렇게 아이디어가 모아지면, 우리는 타깃 소비층이 재미있다고 생각할, 가장 효과적인 아이디어들의 조합을 선택합니다."

"사용자의 이익을 위해 다양한 아이디어를 선별하고 모으는 일이, 게임을 만드는 사람의 일이라고 믿습니다. 우리 게임의 플레이어에게 이익이란 황당무계한 것들을 의미합니다."

사용자에 대한 관심이 때로는 엉뚱한 결과로 이어지기도 한다. 〈몬스터 몬피스〉는 〈소서리 사가〉보다 훨씬 더 기이한 게임이다. 처음에는 진지한 판타지 카드 게임으로 시작했다. 플레이어는 다양한 몬스터를 상징하는 카드를 수집하고, 몬스터를 소환해서 상대와 대전을 벌인다. 그러나 키타노에게는 이런 모습이 '아이디어 팩토리만의 정체성'을 결여한 것처럼 느껴졌다. 새로운 변화를 주기 위해서 그와 개발팀은 전통적인 몬스터를 디자인하는 대신 신화 속 생명체를 여성 캐릭터로 재해석했다. 전형적인 일본 스타일로 과장된 이 '몬스터 걸'들은 도발적인 의상에, 종종 거대한 무기를 들고 등장했다.

이 새로운 카드 게임을 만든 개발자들의 목표 중 하나가 사랑스럽고 독특한 게임 아트를 보여주는 것이라는 사실은 분명했다. 특히 애니메이션에 대한 키타노의 경험과 이해가 잘 드러났다.

그러나 성적인 내용으로 충만한 이 게임은 의심할 여지없이 성인을 위해 기획된 게임이었다.

〈몬스터 몬피스〉는 전면과 후면에 터치스크린이 있는 모바일 게임 콘솔인 플레이스테이션 비타PlayStation Vita 전용 게임이다. 몬스터의 힘을 강화하려면 플레이어는 극도로 외설적인 방식으로 두 터치스크린을 문질러야 한다. 그리고 몬스터 걸의 레벨이 올라서 새로운 능력을 얻으면 그녀의 의상 일부가 사라진다.

이 메카닉이 거센 비판을 받았단 사실은 전혀 놀라운 일이 아니다. 일부 비평가들은 선정적이라고 평가했고, 많은 플레이어들은 너무 유치하거나 당혹스럽다고 생각했다. 게임에 들어있는 극도로 노골적인 성적 묘사 일부는 서구에 출시된 버전에서는 삭제됐다. 그럼에도 불구하고 그곳에서조차 17+ 등급을 선택해야 했다.

키타노는 자신의 게임에서 진지한 메시지도 전달할 수 있기를 열망한다.

"〈몬스터 몬피스〉에는 스토리가 있는데, 거기에 덧붙이고 싶은 설명이 있습니다." 키타노가 말했다. "이 게임은 인간과 몬스터 간의 결속에 관한 것입니다. 이 이야기를 통해 사회에서의 인종 간의 관계가 어떻게 작동하는지를 전해주고 싶었습니다."

왼쪽 페이지: 〈몬스터 몬피스〉 프로모션 아트(컴파일 하트)

"궁극적으로는 늘 타깃 소비층을 머리에 두고 있습니다." 키타노가 덧붙였다. "처음 개발을 시작할 때는 우리의 키워드나 주제가 중요합니다. 하지만 플레이어가 관심을 가질만한 것을 만들지 못한다면, 그건 이기적 생각에 불과합니다. 저희는 이기적인 개발자가 되고 싶진 않아요."

현재는 키타노가 게임의 개발 방향을 정하고 있지만, 늘 리더 역할을 해온 것은 아니었다. 처음 일을 시작했을 때는 오직 아트에만 집중했다.

애니메이터에서 프로듀서로

키타노의 교육적 배경은 애니메이션이다. 그에 따르면 이 배경 덕분에 게임 업계에 별다른 어려움 없이 진입할 수 있었다.

"원래는 애니메이션 업계에서 일하고 싶었습니다." 키타노가 말했다. "그러던 중 애니메이터로서 게임 개발의 초기 단계부터 참여할 수 있다는 사실을 알게 된 이후에는 게임에도 관심을 가졌어요."

"슈퍼 닌텐도Super Nintendo 시절부터 게임 업계에

서 애니메이터로 일해왔습니다. 그러다가 게임아트의 영역을 넘어서고 싶다는 생각이 들었고, 기획 분야로 가기로 결심했습니다."

키타노는 게임 기획에 빠져들게 된 또 다른 이유로 RPG 게임에 대한 깊은 애정을 들었다. "오늘날 제가 만들고 있는 게임들을 보면 다소 이상하게 들릴지 몰라도, 당시에는 어두운 분위기의 게임들을 정말 좋아했습니다." 그는 웃었다. "제가 플레이하거나 개

발하는 게임에서 공통적으로 기대하는 모습은 기존 한계를 넘어서고, 눈에 띄는 캐릭터를 만들어내는 것이었습니다."

실제로 키타노의 다양한 게임들은 눈에 띄는 캐릭터들을 창조해 왔고, 확실히 모든 종류의 한계를 넘어서 왔다.

〈몬스터 몬피스〉 프로모션 아트(컴파일 하트)

초저예산 게임

영화라는 뿌리

독립 게임 개발자인 마브로스 세데뇨Mavros Sedeño는 원래 영화 업계에서 일할 생각을 갖고 있었다. 그러나 게임 개발을 시작하며, 계획을 바꾸게 된다. 그는 닌텐도 64Nintendo 64의 고전 게임인 〈퍼펙트 다크Perfect Dark〉를 하프 라이프2Half-Life 2 엔진을 이용해 리메이크한 〈퍼펙트 다크 소스Perfect Dark Source〉의 집단 창작 프로젝트에 참여했다. 이렇게 누군가의

이전 페이지와 위: 〈네상스E(NaissanceE)〉 게임 아트(마브로스 세데뇨)

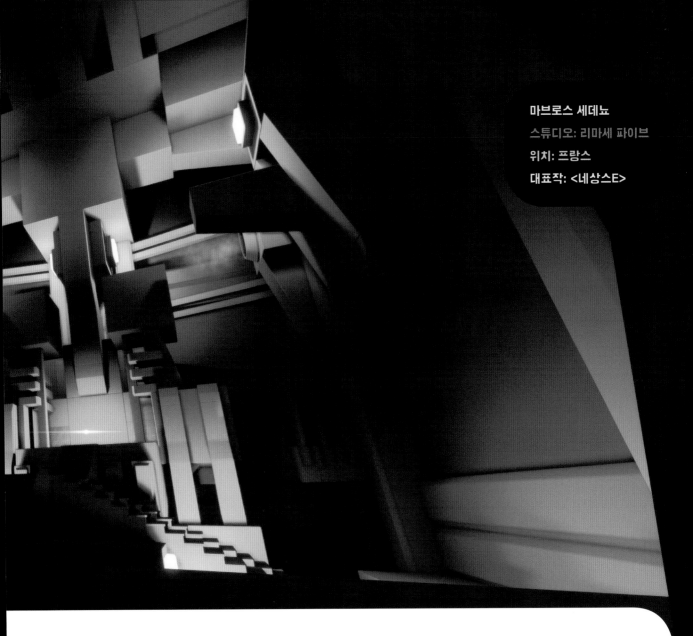

마브로스 세데뇨

스튜디오: 리마세 파이브

위치: 프랑스

대표작: <네상스E>

개인적 비전을 구현하기 위해 기존 게임을 바꾸는 작업을 모딩modding이라고 한다(세데뇨의 경우에는 완전히 게임을 다시 만들었다).

"모딩은 게임 개발 공정과 팀으로 진행하는 프로젝트에 대해 많은 것을 가르쳐줬습니다." 세데뇨가 말했다. "<퍼펙트 다크 소스> 개발팀은 지리적으로 여기저기에 흩어져 있었어요. 그러니 그들과의 온라인 협업을 통해 저의 게임을 만들기 위해 필요한 많은 기술을 배울 수 있었다."

창의적 예술 분야에서의 경험과 영화에 대한 사랑은 그에게 많은 영감을 줬다. "저는 영화광이에요." 세데뇨가 말했다. "특히 《2001: 스페이스 오딧세이》, 《큐브》, 《블레이드 러너》, 《다크 시티》 같은 영화를 좋아해요."

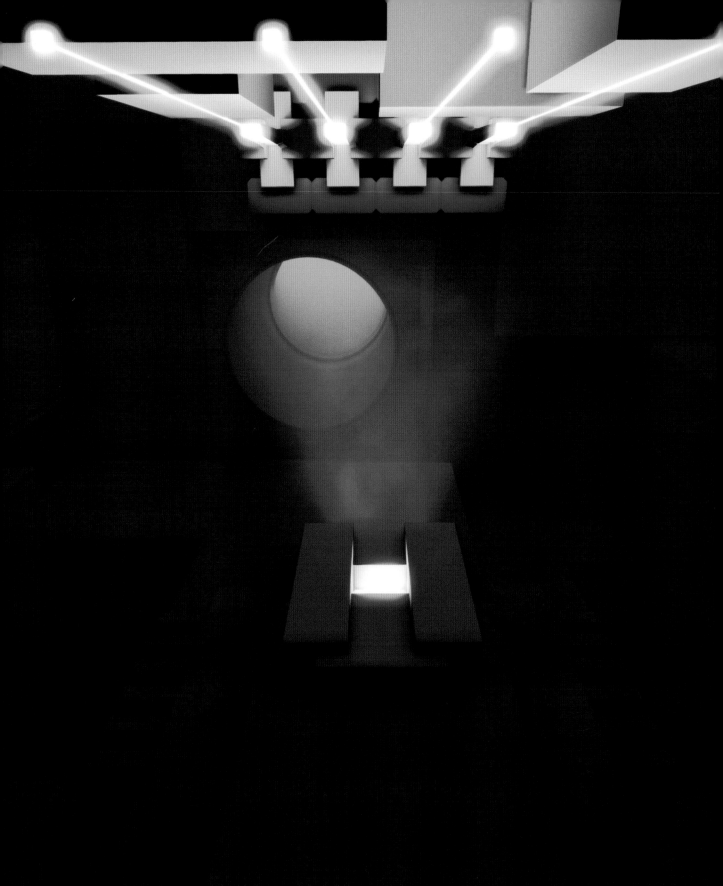

세데뇨는 게임이 갖고 있는 독특한 예술적 가능성에 매료되어 독립 게임 개발자가 됐다. 그리고 그가 사랑한 영화들은 첫 상업 프로젝트인 〈네상스E^NaissanceE〉에 큰 영향을 미쳤다.

비디오 게임 개발은 영화 감독이라면 가질 수 없는 새로운 창의적 가능성을 제시했다. "게임을 만드는 것은 플레이어가 스스로 탐험할 수 있는 하나의 세계를 만드는 것과 같습니다. 가장 마음에 들었던 부분이죠. 세계와 시스템을 만들고, 플레이어들이 어떻게 반응하는지 살펴보는 일은 정말 즐겁습니다."

"이에 비하면 영화 제작은 매우 힘든 일이에요." 그가 웃으며 덧붙였다. "배우를 섭외하고, 카메라도 있어야 하잖아요. 돈이 아주 많이 드는 과정이죠."

그림자로 분위기를 만들다

영화 역사를 통틀어 감독들은 자금 부족을 해결하기 위해 여러 영리한 해법들을 고안해 왔다. 예를 들어, 초기 독일 표현주의 감독들은 헐리우드의 대형 제작사 수준의 예산을 마련할 수 없었기 때문에 창의적으로 세트를 디자인해야 했다.

〈네상스E〉에 지대한 영향을 미친 《칼리가리 박사의 캐비닛》, 《메트로폴리스》, 《노스페라투》 같은

1920년대 영화들은 세트 위에 흰색 페인트로 조명 효과를 그리는 기법을 즐겨 사용했다. 이 기법은 감독이 전달하려 하는 낯설고 적대적인 분위기를 강조함으로써 관객이 느끼는 긴장감을 고조시켰다. 〈네상스E〉는 강렬한 흑백 대비의 미학과 날카롭고 각진 형태의 환경으로 대변되는 표현주의 영화의 전통을 따랐다.

"동일한 게임을 좀 더 다채로운 색상으로 만들 수도 있었습니다." 세데뇨가 말했다. "그러나 흑백은 더 적대적이고 더 차가운, 특이한 느낌을 줍니다. 색상을 사용하지 않는 게임이 흔하지는 않아요. 저는 이 점을 이용해서 플레이어에게 다른 세계에 와있다는 느낌을 전달하려 했습니다."

〈네상스E〉는 자신이 영향을 받았던 1920년대 표현주의 영화와는 전혀 다른 사회적 환경에 존재한다. 이런 까닭에 세데뇨가 왜 이 같은 게임을 만들었는지 궁금해할 수 있다.

"저는 플레이어가 게임에서 벌어지는 일에 어떻게 반응하고, 게임 속 다양한 요소들을 어떻게 받아들이는지 관찰하는 것을 좋아합니다." 세데뇨는 말했다. "아마도 게임 기획이 줄 수 있는 최고의 선물이 아닐까 합니다. 저는 창작의 모든 측면에 관여해요. 그다음에는 인터넷에 올라온 플레이 영상을 통해 타인의 시점에서 게임을 바라

볼 수 있습니다. 제가 계속해서 게임을 만들고 싶어 하는 이유이기도 해요."

세데뇨는 기성의 제약과 정치, 사회적 규범을 거부하는 초현실주의 운동에도 관심이 있다. 기존 게임에서 형성된 플레이어의 기대를 허물어 버리려는 그의 의지에서 이런 성향이 잘 드러난다. 살바도르 달리의 회화가 물리와 자연스러운 형태를 거부했듯, 〈네상스E〉는 '게임이 일반적으로 만들어지는 방식'을 거부한다. 의도적으로 느린 서사, 색상의 부재, 날카롭고 차갑게 각진 형태로 가득 찬 세계, 모든 부분에서 〈네상스E〉는 전형적인 게임에 대한 기대를 전복시킨다.

숨어서 기다리다

세데뇨는 모든 플레이어가 〈네상스E〉의 경험을 각기 다르게 해석할 것으로 기대한다. 마치 모든 사람이 위대한 예술 작품을 자신만의 관점에서 해석하는 것처럼 말이다.

"저의 목표는 플레이어가 스스로의 상상력을 통해 자신만의 이야기를 형성하게 해주는 것입니다. 최소한 게임에 대한 자신만의 해석이라도 갖게 해주고 싶어요." 세데뇨가 말했다. "게임으로서 〈네상스E〉의 성공은 플레이어들의 상상력에 달려 있습니다."

〈네상스E〉를 처음 플레이하는 순간부터, 무언가로부터 도망치고 있다는 느낌을 받는다. '루시가 사라졌다'는 문구가 시작 화면에 뜨고, 플레이어는 첫 장면부터 정체를 알 수 없는 막연한 적으로부터 도망치기 시작한다. 플레이어는 세데뇨가 빚어낸, 불안감이 만연한 광활한 미지의 공간에서 대체 무슨 일이 벌어지고 있는지 파악해내야 한다.

〈네상스E〉의 세계는 황폐하고 인공적인 느낌을 준다. 그리고 게임 속 퍼즐의 방들은 이런 주제를 반영한다. 예를 들어, 플레이어는 빛을 볼 수는 있지만, 그 빛이 어디서 오는지는 알 수 없다. 또 다른 예로서는, 어떤 방은 완전한 검정색과 타버릴 정도의 흰색 사이를 오간다. 각 상태에서 플레이어는 출구를 찾을 수 없다. 오로지 상태가 변하는 중간에만 출구를 찾아서 탈출할 수 있다.

〈네상스E〉는 대화나 기타 전통적인 스토리 도구를 풍부하게 제공하지 않는다. 대신 플레이어 스스로 탐색하며 게임을 진행해야 한다. 각 방은 단순한 피드백 루프Feedback Loop를 통해서 퍼즐을 해결하고 다음 단계로 이동하는 방식을 가르친다. 삭막한 비주얼 스타일은 플레이어를 긴장시키는 적대적인 분위기를 만든다. 아무 목소리도

오른쪽과 다음 페이지: 〈네상스E〉 게임 아트(마브로스 세데뇨)

없는 게임 속 아바타는 플레이어의 의지가 투영된 대상이다. 〈네상스E〉는 전통적인 게임에서 플레이어가 접해왔던 즉각적이고 시각적인 위험을 제시하는 경우가 드물다. 그럼에도 불구하고 세데뇨의 게임은 모험의 모든 단계에 위험이 도사리고 있다는 느낌을 효과적으로 전달한다.

다음 모험

독립 게임 개발자도 다른 분야의 독립 아티스트와 다를 것이 없다. 때때로 새로운 아이디어를 내는 일이 하나의 도전이다. 〈네상스E〉는 분명 팬층을 형성했지만, 결코 주류에서 생각하는 성공에는 미치지 못했다. 앞으로의 게임에 대한 많은 아이디어가 있지만, 세데뇨가 차기작을 개발하기까지는 많은 시간이

걸릴지도 모른다.

"아주 많은 프로젝트를 구상하고 있습니다. 일부는 아주 실험적인 것입니다. 반면 전략 게임이나 레이싱 게임 같은, 더 일반적인 게임에 대한 아이디어도 몇 개 있어요." 세데뇨가 말했다. "다음에 무엇을 할 수 있을지는 몇 가지 사항에 달려 있습니다. 〈네상스E〉가 그다지 많이 팔리지 않았기 때문에 당장

에 차기작을 만들 수 있는 넉넉한 자금을 마련하지는 못했습니다. 그러나 곧 새로운 게임을 만들 수 있는 방법을 찾아낼 겁니다. 〈네상스E〉는 그저 시작일 뿐입니다!"

〈네상스E〉 게임 아트(마브로스 세데뇨)

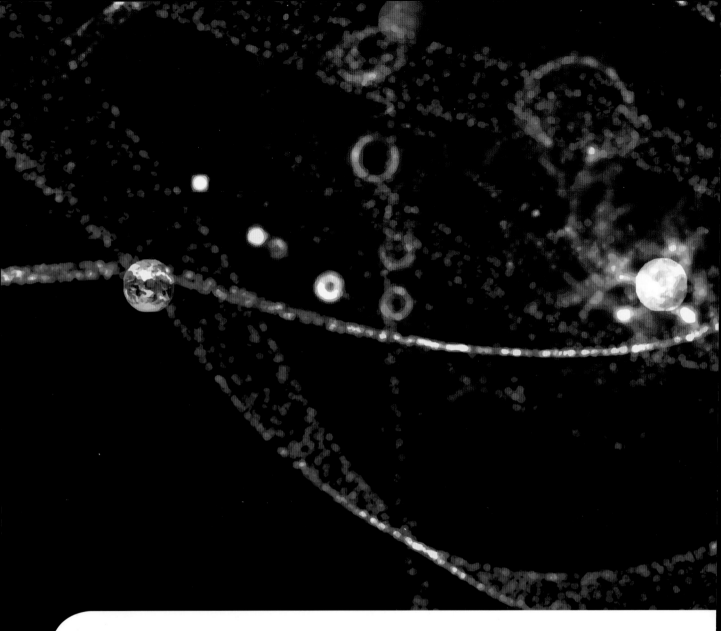

제약 속의 창의성

창의적 야망이라는 측면에서, 제한된 예산이 반드시 독립 개발
자의 발목을 잡는 것은 아니다. 호주에 있는 토이박스 랩ToyBox
Lab의 듀오이자 독립 추상 아트 게임인 〈플로우모flowmo〉의 크
리에이터인 피터 버드지셰프스키Peter Budziszewski와 타마라 셈
브리Tamara Schembri에게 이 문제를 물어봤다. 버드지셰프스키는
대형 스튜디오에서 일한 경력을 갖고 있다. 〈L.A. 느와르〉와 전

〈플로우모〉 게임 아트(피터 버드지셰프스키와 타마라 셈브리)

피터 버드지세프스키와 타마라 셈브리
스튜디오: 토이박스 랩
위치: 호주
대표작: <플로우모>

설적인 리듬 게임 <하모닉스Harmonix> 개발에 참여했을 때 팀 본디Team Bondi에서 일한 바 있다. 그는 독립 개발자로서 <플로우모> 같은 프로젝트를 진행하는 일이 결코 창의성을 저해하지 않는다고 생각한다.

"음악의 예를 들어볼게요. 확실히 대형 오케스트라가 객관적 기준에서는 더 좋은 결과를 낳을지도 모릅니다. 그러나 하나의 악기도 잘만 연주한다면,

그 이상의 감동을 가져올 수 있어요!" 그가 말했다. "모든 위대한 예술 작품은 '우와!'라는 경탄을 낳을 수 있어야 합니다."

그는 말을 이어갔다. "누군가가 당신에게 깊은 인상을 남기기 위해 애쓰고, 어떤 제약을 넘어서 계속 노력한다면, 그런 창작의 행위 자체가 일종의 퍼포먼스가 됩니다. 저는 코딩을 합니다. 따리서 게임을 볼

때면 코딩에 어떤 제약이 있었을지를 상상해요. 제게는 그런 코딩이 개발자가 극복해야 할 대상이며, 일종의 퍼포먼스로 보입니다. 당분간은 어느 정도 개발상의 제약이 게임을 흥미롭게 만드는 요소로 작용할 거라고 저는 확신합니다."

플레이어 스스로 메시지를 찾다

게임 개발에 대한 버드지셰프스키의 생각이 실제로 적용된 사례가 바로 〈플로우모〉다. 그와 셈브리는 말 그대로 화면에 무수히 많은 점들이 떠다니는 파티클particle 시뮬레이터를 이용해서 게임을 만들기로 결정했을 때, 추상적이지만 의미로 가득 찬 게임을 만들겠다는 목표를 마음에 품었다.

이 게임에서는 잔잔한 배경 음악이 흐르고, 플레이어는 마음대로 파티클을 제어한다. 이때 파티클을 제어하는 동작에 따라서 동적으로 배경 음악이 바뀐다. 즉 플레이어의 동작이 게임이 어떻게 진행되느냐에 영향을 미친다. 그러나 그 효과는 미묘하다. 때로는 게임의 진행에 영향을 미치고 있는지 인식하지 못하는 경우도 있다. 버드지셰프스키와 셈브리는 플레이어가 스스로 자신의 행동에 의미를 부여하길 원했다.

"전달하고 싶은 메시지가 있을 때, 관객에게 그 메시지를 제대로 전달할 수 있을지 확신하지 못하는 경우가 종종 있습니다." 셈브리가 말했다. "그렇다고 너무나 명백한 방법으로 메시지를 전달하면, 어떤 의미에서는 그 메시지가 훼손될 수도 있어요. 균형이 필요하죠. 상대방이 스스로 의미를 파악하게 해주면서도, 상대방을 올바른 방향으로 유도해야 합니다."

"충분히 복잡하고 흥미로운 어떤 것을 만들어주면, 사람들은 머릿속에 그것에 대한 자신만의 메시지를 만듭니다. 그들이 그 경험에서 무언가를 얻고 있다고 느낀다면, 이것도 괜찮은 방법이라고 생각해요."

선택이건 아니면 필요에 의한 것이건, 추상적이고 비서사적인 게임은 해석의 여지를 안고 있다. 버드지셰프스키와 셈브리는 그 사실을 편하게 받아들였다. "플레이어도 게임의 의미를 만들어가는 과정에서 크리에이터만큼의 역할을 담당합니다." 셈브리가 말했다.

물론 이들은 혼돈을 느낀 관객이 그대로 떠나버릴지도 모른다는 위험에 항상 노출돼 있다. 그러나 판매에 대한 부담이 주류 게임만큼은 아니기 때문에 어느 정도는 위험을 감수할 수 있다. 그럼에도 여전히 독립 개발자들을 걱정하게 만드는 부분임은 사실이다.

"〈플로우모〉를 출시하기 바로 전 주까지, 과

오른쪽 페이지: 〈플로우모〉 게임 아트(피터 버드지셰프스키와 타마라 셈브리)

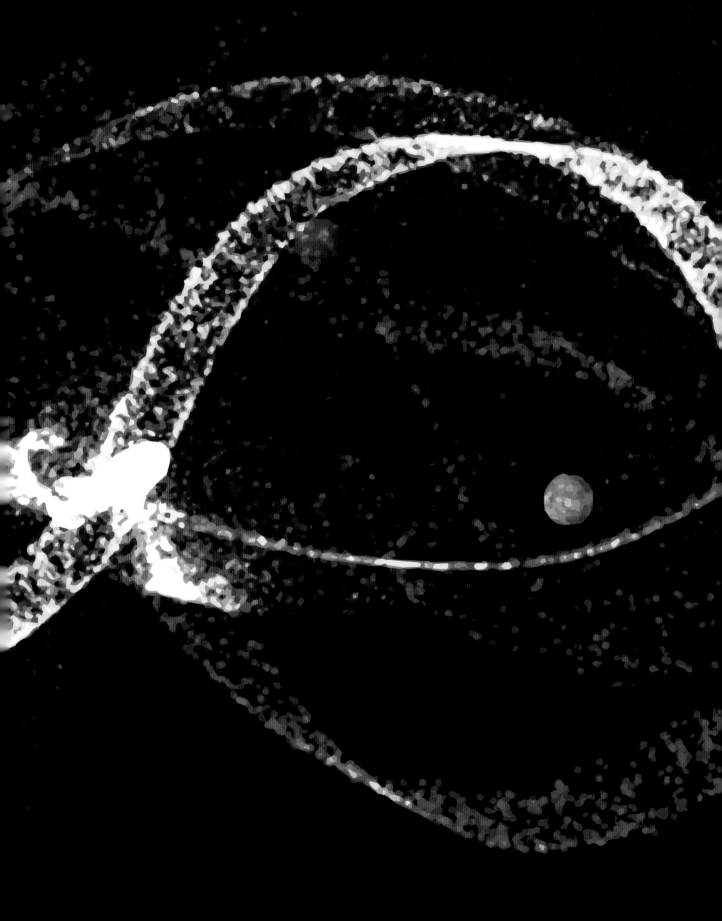

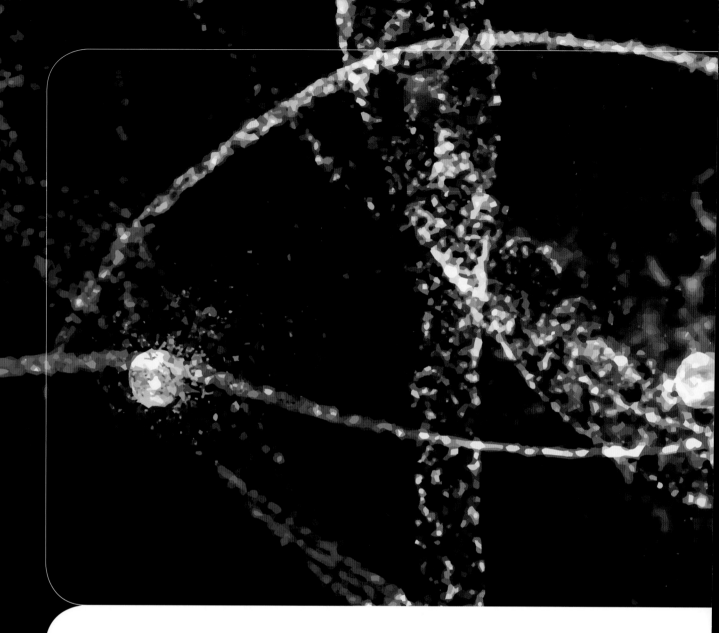

연 이 게임이 플레이어들에게 어떤 반향을 이끌어낼지 전혀 짐작하지 못했어요. 우리의 의도가 통할까? 저흰 그렇게 되기를 바랐습니다." 셈브리가 말했다.

"결론적으로, 저희가 일부 사람에게는 통할 수 있는 무언가를 만들었다고 생각합니다. 그러나 모든 사람에게 통하지는 못했던 거죠. 나쁘지는 않지만, 한편으로는 무서운 일이에요. 독립 개발자로서 만들고

있는 것들이 통할지도 모른다는 직감이 들 수도 있습니다. 그러나 실제로 게임을 출시하기 전까지는 그 결과를 확신할 수 없을 거예요."

상호작용보다는 경험

토이박스 랩은 게임 업계에서 셈브리의 첫 직장이다. 반면 버드지셰프스키는 더 일찍 업계에서 일을 시작

〈플로우모〉 게임 아트(피터 버드지셰프스키와 타마라 셈브리)

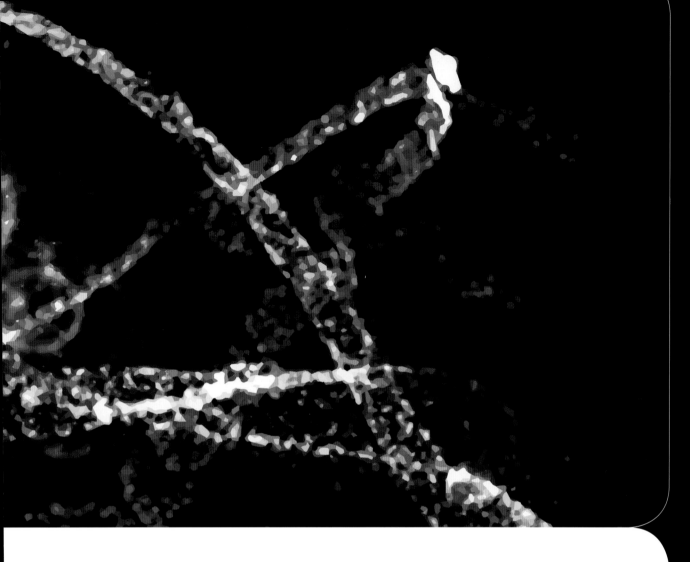

했다. 이런 배경은 팀의 창작 방향성에 뚜렷한 영향을 미쳤다. 호주의 베테랑 개발자 중 하나인 버드지 셰프스키는 데모씬demoscene(시각적, 청각적 컨텐츠를 보여주는 작은 프로그램을 전문적으로 만드는, 국제적인 컴퓨터 아트 하위 문화를 지칭한다. 주된 목적은 프로그래밍, 아트, 음악적 재능을 과시하는 것이다. - 옮긴이) 운동의 영향으로 업계에 들어오게 됐다.

"어린 아이였던 80년대에 코모도어 64에서 게임을 즐겼습니다." 그가 말했다. "당시 게임에는 복제 방지 기능이 있었어요. 그러나 몇몇 그룹들은 방지 장치를 깨고 해적판을 만들었습니다. 그리고 그 사실을 과시하기 위해 그들은 'X가 이 게임을 크랙했다'라는 내용을 담은 데모씬을 만들어 게임 도입부에 삽입했어요. 시간이 흐르며 움직이는 로고 같은 효과

가 더해졌고, 결국에는 게임 자체보다 기술적으로 더 현란한 데모가 등장하곤 했죠."

"제가 열 살인가 열한 살이었을 때, 도입 씬 하나를 보기 위해 해적판 게임을 구하기도 했어요. 게임 자체에는 별다른 흥미가 없었는데도요. 사람들도 의아해하기 시작했습니다. '굳이 해적판 게임을 구해야 하나? 데모씬만 따로 볼 수는 없을까?'"

"당시 데모는 기본적으로 순수 예술이었습니다. 데모는 상호작용할 수 없는 특수효과로서, 사람들은 하드웨어의 능력을 최대한 끌어내기 위한 노력을 했습니다. 컴퓨터 프로그래밍을 통해 하드웨어를 만든 사람이 결코 상상하지 못했던 효과를 만든다는 사실에 흠뻑 심취했습니다."

버드지셰프스키는 진정한 상호작용보다는 플레이어에게 특정 경험을 제공하는 측면에 더 큰 관심을 가졌다. 그 역시 상호작용의 중요함은 인식하고 있었다. 상호작용성은 게임을 영화와 구분 짓는 요소지만, 그에게 흥미를 일으키진 못했다. 다른 독립 게임 개발자들도 게임 경험에서의 상호작용성에 대한 통념에 도전하기 시작했다. 댄 핀치백Dan Pinchbeck의 〈디어 에스더Dear Esther〉와 더풀브라이트 컴퍼니The Fullbright Company의 〈곤홈Gone Home〉 등의 작품을 통해 독립 개발자들은

행동을 컨트롤하는 것 못지 않게 게임을 경험하는 것이 중요하다는 생각을 실험했다.

"중요한 점은 강력한 몰입감을 창조하기 위해서는 아주 작은 상호작용성만 있으면 된다는 사실입니다." 버드지셰프스키가 말했다. "캐릭터 편집기 같은 단순한 것만으로도 플레이어는 캐릭터를 소유하고 있다는 느낌을 받습니다. 심지어 선형적인 이야기를 따라갈 경우에도 그렇죠." 의심할 여지없이, 버드지셰프스키와 셈브리는 앞으로도 플레이어가 의미를 찾아야 하는 추상적인 게임을 계속해서 만들어갈 것이다.

발랄한 색상과 단순한 게임플레이

호주에 위치한 스튜디오 누Nnooo의 창립자이자 크리에이티브 디렉터인 닉 와트Nic Watt는 독립 게임 규모의 예산으로 닌텐도 급의 게임을 만들겠다는 야망을 갖고 있다. 그에게는 생생한 사실주의에 대한 욕구가 없다. 대신 플레이어를 끌어 모을 수 있는, 밝고 화려한 경험을 만들기 위해 자신의 작은 개발팀을 이끌고 있다.

스튜디오 누의 첫 게임은 사격 연습장에서 거품을 터트려 점수를

〈스피릿 헌터 주식회사(Spirit Hunters Inc)〉 프로모션 아트 (누)

닉 와트

스튜디오: 누

위치: 호주

대표작: <이스케이프벡터>, <스피릿
헌터 주식회사>

얻는 <팝Pop>이다. 두 번째 게임은 복고적 주제를 다룬 <이스케이프벡터escapeVektor>인데, <팩맨Pac-Man>의 와이어프레임wireframe버전이라고 할 수 있다. 그리고 세 번째 게임인 <스피릿 헌터 주식회사Spirit Hunters Inc>에서는 또 새롭게 방향을 바꿔, 플레이어가 다양한 귀여운 몬스터들을 추적해 사냥한다. 각 게임은 서로 다른 장르, 스타일, 타깃 플레이어를 가진다. 그러나 공통적으로 단순한 메카닉과 밝고 효과적인 재현에 대한 와트의 신념을 명확하게 보여준다.

"저희 게임에서 색상은 중요한 요소입니다." 누 스튜디오의 창의적 방향성에 대한 질문에 와트가 답했다. "의도하고 내린 결정은 아니었어요. 그러나 되돌아보면, 저는 늘 저희가 만든 게임이 밝고, 재미있고, 발랄해 보이기를 원했습니다."

와트는 모든 게임에서 색상이 핵심적 요소라고 생각한다. 왜냐하면 실제 무엇인가를 소유하고 있다는 의식에서 색상이 매우 중요한 역할을 하기 때문이다.

"인간이 어떤 공간 안에 있을 때, 그 공간을 더 보기 좋게 만들기 위해 무언가를 합니다. 그때 색상은 꼭 들어가죠." 와트가 말했다. "그것이 벽에 붙이는 평범한 종이 조각일지라도, 우리가 살고 있는 공간에 무엇인가를 시도하는 겁니다. 저는 사람들이 매우 긍정적이고, 이 세상을 좀 더 나은 곳으로 만들려 애쓴다고 생각합니다."

단순함의 매력

와트는 게임 속에 단순화된 현실을 창조하고, 혁신적이면서도 일관된 메카닉으로 플레이어를 사로잡았다는 점에서 닌텐도를 존경한다. 닌텐도의 이런 개발 철학은 와트의 개발 스타일에 지대한 영향을 미쳤다.

"닌텐도는 자신들이 성취하려는 대상을 찾고 그 문제를 해결할 때, 플레이어의 경험을 강화하는 우아한 방법으로 일을 처리합니다. 저 역시 그런 방법으로 일하는 것을 선호하고요." 와트가 말했다.

와트가 인용하는 가장 대표적인 사례는 닌텐도 DS^{Nintendo DS}다. 닌텐도 DS는 터치스크린과 스타일러스 펜을 통해 새로운 상호작용 방식과 증가된 몰입감을 플레이어에게 제공한다.

"닌텐도는 〈닌텐독스^{Nintendogs}〉 같은 게임을 만들었습니다. 이 게임에서 플레이어는 가상의 애완 동물을 실제행동을 통해 어루만지고, 함께 놀 수 있기 때문에 더 큰 유대감을 느끼죠. 사람들을 친숙한 것들과 묶어 둘수록, 그들의 상상력은 더 쉽게 촉발되게 마련입니다. 그리고 일단 상상력이 촉발되면, 플레이어는 그 게임이 무엇에 관한 것인지 한결 쉽게 이해하게 되고요. 저희는 경험을 통해 추상적인 게임일수록 사람들에게 납득시키기 어렵다는 사실을 깨달았습니다."

닌텐도는 게임 세계의 구축에 대한 철학에서도 와트에게 영향을 미쳤다.

"닌텐도 게임이 매우 일관된 규칙을 갖고 있다는 점을 늘 존경해왔습니다. 만들어진 규칙에 어긋나는 것은 결코 찾을 수가 없거든요. 〈젤다 Zelda〉에서 플레이어가 열 수 없는 문을 마주하는 경우는 없어요. 그러나 다른 게임에서는 이런 일이 흔히 발생하고, 그런 게임 세계는 일관성을 잃습니다."

"개발자가 의도적으로 플레이어에게 제약을 가할 때, 저는 좌절감을 느낍니다. 이런 일은 늘

벌어지거든요. '정말로 멋진 기능을 구현했다. 그런데 이 기능을 자유롭게 사용하면 게임이 완전히 망가져 버린다. 따라서 플레이어가 오직 정해진 네 곳에서만 이 기능을 사용할 수 있게 게임을 기획해야 한다.' 바로 이런 개발 철학에 따른 결과라고 봅니다. 닌텐도 게임에서는 결코 발견할 수 없는 모습이죠."

3D 게임 개발의 단순화

와트의 게임은 플레이어 아바타를 보여주지 않는다. 대신 캐릭터가 직접 화면에 말을 하는데, 이것은 더 큰 몰입감을 준다. 또한 움직임을 자유롭게 컨트롤할 수 없지만, 대신에 주변 환경이 움직인다. 와트에 따르면 이 같은 시스템은 기술적 문제에 대한 창의적 해법이었다.

"3D에서 플레이어가 컨트롤하는 움직임은 아주 많은 상호작용적 요소를 필요로 합니다. 이는 프로그래밍에서 부담이 될 수 있습니다. 두 명의 프로그래머만 있는 상황에서 야심 찬 결과를 기대하긴 힘들었습니다. 대신 안전하고 익숙한 방법을 선택했고, 나중에 완전한 3D 게임을 만들기 위한 경험을 쌓기로 했지요."

건축 전공의 게임 기획자

와트에게는 가족이 갖고 있던 ZX 스펙트럼 컴퓨터ZX Spectrum에 대한 따뜻한 추억이 있다. 게임은 언제나 그의 첫사랑이었다. 게임 업계에 들어오기 전 와트는 건축가였다. 게임과 건축에는 많은 공통점이 있다. 두 분야 모두 고도로 창의적이며, 복잡한 수학적 지식을 요한다. 그리고 게임과 마찬가지로, 훌륭한 디자인적 원칙을 염두에 두고 만들어진 건물은 보는 이에게 어떤 감정을 불러일으킨다. 와트는 건축에서의 경험을 통해 게임 개발에서 경력을 시작할 충분한 준비를 갖출 수 있었다고 생각한다.

"학위를 받을 무렵, 건축에서 3D 관련 부분에 집중했고, 게임 업계에서 일자리를 구하겠다는 희망으로 포트폴리오를 만들었습니다. 닌텐도 64의 〈젤다〉 스크린샷을 보면서 다음과 같이 생각했던 기억이 납니다. '지금까지 내가 배운 모든 것은 디지털 공간의 디자인에 관한 것이다. 이건 내가 해낼 수 있는 일이다.'"

와트는 게임 개발자가 건축가와 마찬가지로 창의성과 기술 간에 종종 발생하는, 피할 수 없는 갈등을 해결할 수 있어야 한다는 사실을 잘 알고 있다.

"건축가는 대개 다른 분야의 많은 사람들과

일합니다. 어떤 날은 공간의 외형과 느낌에 주로 관심을 가지는 인테리어 디자이너와 일하고, 또 어떤 날은 구조와 기계 분야의 엔지니어와 함께 일하며 대체 건물이 어떻게 서있는가에 집중하기도 하죠."

　와트는 계속 말을 이어갔다. "처음 게임 업계에 왔을 때, 비슷한 느낌을 받았습니다. 프로그래밍은

수학과 논리에 기반합니다. 프로그래머는 아티스트나 기획자와는 다른 방식으로 사고합니다. 서로 다른 두 측면을 모두 다뤄야 한다는 것은 흥미로운 균형 잡기라고 할 수 있습니다."

　궁극적으로 와트의 가장 큰 난관이 바로 균형을 잡는 일이다. 이 난관을 극복하는 것이 성공의 가장

<스피릿 헌터 주식회사> 프로모션 아트 (누)

큰 원천이 될 것이다. 와트는 훨씬 큰 예산으로 만들
어진 게임에 전혀 뒤처지지 않는 플레이 경험을 제
공하기 위해, 쾌활함의 미학을 단순하지만 효과적인
게임 플레이와 결합하려 한다.

〈스피릿 헌터 주식회사〉 프로모션 아트 (누)

문화와
역사

고유 문화를 선보이다

역사를 통틀어 인류는 예술을 통해 새로운 세대에는 지식을 전수했고, 외부에 자신들의 문화를 알렸다. 각각 호주 원주민과 캐나다 이누이트 Inuit 족을 소재로 한 《토끼 울타리》(2002)나 《아타나주아》(2001) 같은 영화는 토착 문화의 철학과 경험을 대중에게 널리 알렸다. 그러나 이와 유사한 시도가 게임에서는 거의 이뤄지지 않았다.

알래스카 원주민 부족들의 시범적 협의체인 쿡만 부족 의회Cook Inlet

이전 페이지: 〈네버 얼론〉 게임 아트(이라인 미디어)

에이미 프레딘과 앨런 게쉔펠드
스튜디오: 이라인 미디어
위치: 미국
대표작: 〈네버 얼론〉

Tribal Council는 자신들의 이야기와 역사를 알리기 위한 매체로서 비디오
게임에 주목했다. 그리고 그 결실로 탄생한 것이 바로 〈네버 얼론Never
Alone (Kisima Innitchuna)〉이다. 이 게임은 기본적으로 퍼즐 플랫포머platformer
장르다. 플레이어는 소녀와 그녀의 여우가 얼어붙은 땅에서 끝없는 눈
보라가 시작되는 곳을 찾아가는 여정을 돕는다. 알래스카 토착어인 이
누피아크Inupiaq 언어로 음성해설이 더빙된 〈네버 얼론〉은 삭막하고 간

위: 〈네버 얼론〉 컨셉 아트(이라인 미디어)

결하지만, 동시에 아름다운 게임이다.

"알래스카 원주민의 인구에서는 젊은층이 차지하는 비중이 아주 큽니다. 5년에서 10년 정도가 지나면, 우리를 찾아오는 사람들은 지금보다는 한결 젊어질 겁니다. 이런 젊은 세대와 관계를 유지할 수 있는 방법을 모색해야 했습니다." 쿡만 부족 의회와 〈네버 얼론〉을 만든 이라인 미디어 E-Line Media에서 재무 담당 최고 책임자를 맡고 있는 에이미 프레딘Amy Fredeen이 말했다.

"또한 정부 지원금이 아닌, 별도의 수입원을 통해서 앞으로도 우리의 목표를 계속 추구할 수 있는 방법을 찾고 싶었습니다. 쿡만 부족 의회와 가치를 공유할 수 있는, 업계 최고 수준의 개발팀을 물색했어요. 그래서 찾은 팀이 이라인 미디어였습니다."

이라인은 마이클 앵스트Michael Angst와 앨런 게쉔펠드Alan Gershenfeld가 설립한 게임 개발사 겸 퍼블리셔다. 게쉔펠드는 액티비전에서 수석 부사장으로 일한 경력이 있고, 비영리 단체인 게임 포 체인지Games for Change의 회장을 역임했다. 업계의 베테랑인 게쉔펠드가 이라인을 시작한 까닭은 게임을 통해 엔터테인먼트 이상의 것을 모색하기 위해서였다.

"상업 미디어에서 토착 문화가 어떻게 다뤄지는지 주의 깊게 살펴봤습니다. 모든 미디어에서 정말로 재미있고, 진지하게 고민해서 만든 사례를 찾을 수 있었어요. 《웨일 라이더》 같은 영화나 월드 뮤직이라는 음악 장르를 예로 들 수 있습니다." 게쉔펠드가 말했다. "그러나 게임에서는 그런 사례를 찾을 수가 없었습니다."

게쉔펠드는 말을 이어갔다. "게임에서는 토착 문화가 극도로 단순화됩니다. 고작 캐리커처를 위한 수단으로 사용되는 정도라고 볼 수 있죠. 실제 그 문화 출신자로부터의 자문 없이, 지극히 상투적이며, 지엽적인 방식으로 다뤄지는 것이 현실입니다."

"독립 게임 쪽으로 눈을 돌려 〈림보Limbo〉, 〈브레이드Braid〉, 〈저니Journey〉 같은 타이틀에 주목했습니다. 이들은 예술로서의 게임을 진일보시켰고, 상업적으로도 성공을 거뒀습니다. 저희는 게임의 주제와 그 안에서 탐색할 수 있는 세계를 확장하는 이런 류의 게임에 대한 분명한 수요를 확인할 수 있었습니다. 이 게임들을 더 면밀히 관찰할수록, 적절한 개발력과 포괄적인 개발 프로세스를 갖춘 우리도 특별한 게임을 만들 수 있다는 자신감이 생겼습니다."

그 특별한 게임이 결국 〈네버 얼론〉이 된다. 〈네버 얼론〉은 알래스카 원주민의 삶, 문화, 역사

왼쪽 페이지: 〈네버 얼론〉 컨셉 아트(이라인 미디어)

를 충실하게 담아내려 의도한, 감동적이고 진솔한 게임이다.

진짜 이야기

이라인이 모은 개발팀에는 업계에서 손꼽히는 뛰어난 인물들이 포함됐다. 액티비전에서 스튜디오 최고 책임자였던 래리 골드버그Larry Goldberg와 〈툼 레이더Tomb Raider〉를 만든 크리스탈 다이나믹스Crystal Dynamics의 사장이었던 숀 베스Sean Vesce가 대표적이다. 그러나 이런 경력에도 불구하고, 〈네버 얼론〉이 알래스카 원주민의 이야기와 지혜를 적절하게 반영해야 한다는 목표에 처음부터 매우 신중하게 접근했다. 쿡만 부족 의회는 이 게임이 알래스카의 문화와 전통을 제대로 재현할 수 있도록, 이라인과 협업할 수 있는 작가와 스토리텔러로 구성된 팀을 꾸렸다.

"재미를 원하는 사람들을 위한 초대이자, 그들이 원한다면, 무언가를 배워갈 수도 있는 게임으로 만들려 했습니다." 프레딘이 말했다. "게임이 재미없고, 게임 플레이가 흥미를 불러일으키지 못한다면, 사람들이 더 많은 것을 원하게 끌어들이는 미끼가 없는 것과 다름 없습니다. 저희는 이 사실을 잘 알고 있었습니다."

"게임의 주제 중 하나인 여우와 소녀 간의 상호 의존을 예로 들어 보겠습니다. 상호 의존이라는 요소는 게임 메카닉으로 이용될 수 있지만, 동시에 알래스카 사람들에게는 매우 중요한 삶의 모습이기도 합니다. 서로 의지하지 않고서는 그런 척박한 환경에서 생존하기 어렵기 때문이죠. 그래서 우리는 상호 의존을 통한 게임 플레이가 그들 삶의 핵심적인 방식을 반영할 수 있게 만들었고, 그들 문화를 담은 전통적 이야기 속에 잘 스며들게 했습니다."

"〈네버 얼론〉이 알래스카 문화에 익숙하지 않은 세상 사람들에게 그 문화를 알릴 수 있는 좋은 기회가 될 것이라고 기대했습니다."

영감을 주는 교육

'교육용 게임'이라고 하면 산수 문제에 답하는, 아무 특색 없는 아케이드 게임이 생각날 것이다. 아니면 타자 연습 게임을 떠올리는 이도 있을 것이다. 이러한 시도들을 아울러 게이미피케이션gamification(게임화)이라고 부를 수 있다. 게이미피케이션이란 사용자가 문제 해결에 집중하도록 비게임적 맥락에 게임의 상호작용성을 활용하는 것을 의미한다.

이런 스타일의 교육용 게임의 문제점은 재미보다는 교육에 초점을 맞춘다는 것이다. 게쉔펠

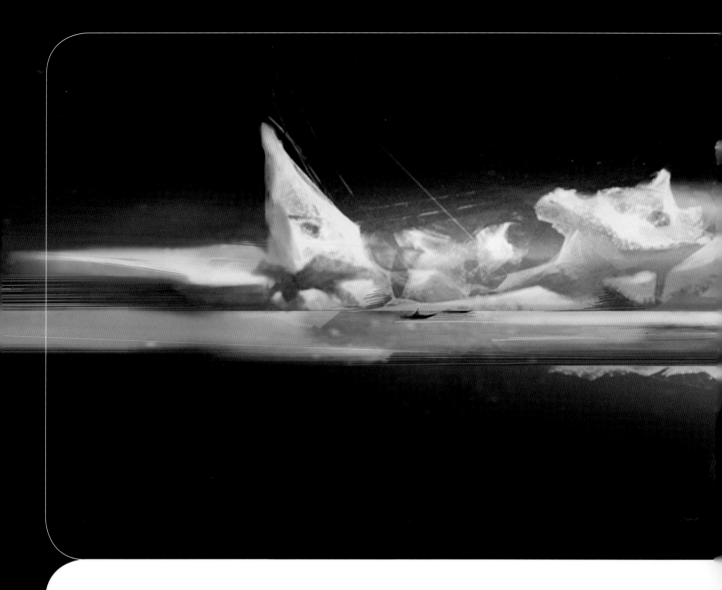

드가 말했다. "〈네버 얼론〉이 단순한 교육용 게임을 넘어서, 독립 게임 사이에서 경쟁력을 유지할 수 있도록 많은 노력을 기울였습니다. 그렇지 못할 경우, 이 게임은 우리가 '결핍의 계곡'이라고 부르는 상황에 빠지게 됩니다. 교실에서 효과적으로 사용되지 못하고, 그렇다고 여가 시간에 찾아서 플레이할 정도로 재미있지도 않은 게임이 돼서는 곤란했습니다."

게임은 사용되는 맥락에 따라 조심스럽게 조율돼야 한다고 게쉔펠드는 생각한다. 더욱이 대중 매체와 상업적 게임이 사람들의 인생과 진로 선택에 영감을 줄 정도로 영향력이 있다고 믿는다.

"개인적으로 아는 사람 중에 대중 매체에서 영감을 얻어 진로를 선택한 사람은 셀 수 없을 정도로 많습니다." 그가 말했다. "제 동생은 유명한 MIT 물리학자예요. 동생은 지금까지 《스타 트렉》에 나오는 복제기를 구현하는 데 온 경력을 쏟았습니다. 그가 무

〈네버 얼론〉 컨셉 아트(이라인 미디어)

언가를 만드는 과학에 관심을 갖게 된 계기가 바로 《스타 트렉》 시리즈였거든요. 관심 있는 분야에 대해 더 깊이 공부했고, 결국은 진짜 과학자가 된 거죠. 얼마 전에는 사형수 전문 변호사로 일하는 조카를 만났습니다. 저는 조카에게 왜 그런 일을 선택했는지 물었어요. 그녀는 자기가 예전에 읽었고 아직까지 기억하고 있는 사형수에 관한 내용이 들어있는 SF 단편 소설이야기를 하더군요."

"영화건 게임이건, 사람들에게 무언가를 가르치려면 우선 재미가 있어야 합니다. 올바른 방향으로 상상력을 자극할 수만 있다면, 교육 효과는 실로 엄청나니까요."

〈네버 얼론〉은 재미있는 게임이다. 그런데 게임 플레이에는 다큐멘터리 영상이 조심스럽게 결합돼 있다. 알래스카 원주민의 인터뷰뿐만 아니라 알래스카의 자연 환경을 담은 아름다운 영상을 통해 알래

스카 고유 역사와 문화가 게임과 어떤 관계인지를 설명하는 것이다. 이 영상이 담고 있는 주제는 게임 메카닉에도 반영된다.

예를 들어, 알래스카 원주민은 영혼에 자신들을 도와줄 힘이 있다고 믿는다. 그래서 〈네버 얼론〉에는 게임 진행을 위해 영혼이 플랫폼을 만드는 과정을 도와주는 부분이 있다. 게임을 플레이하는 동시에 다큐멘터리를 보면서, 플레이어는 교과서보다는 훨

씬 더 흥미로운 경로를 통해 알래스카 원주민과 그들 문화에 대해 알게 된다.

신중하게 선택한 동반자

〈네버 얼론〉에서 플레이어는 소녀와 여우가 어떻게 협동해서 수많은 난관을 해결할지, 그 방법을 찾아야 한다. 나아가 이 게임은 소녀와 여우의 조합에 제3의 캐릭터를 더함으로써 게임 플레이를 더 독특하고 흥

〈네버 얼론〉 게임 아트(이라인 미디어)

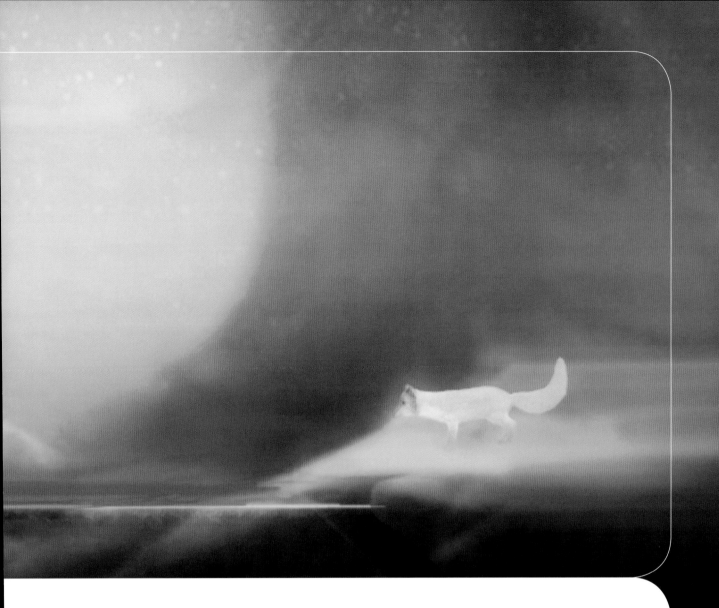

미롭게 만든다.

"알래스카 원주민은 자신들의 환경에서 생존하기 위해 물과 바람과 구름을 읽는 법을 배웁니다. 그곳은 매우 척박한 곳입니다. 저희는 이런 모습을 게임에 담기 위해 노력을 아끼지 않았습니다." 프레딘이 말했다. "한편, 모두가 플레이할 수 있는 게임을 만들려 했지만, 더 열심히 하는 플레이어를 위한 도전 요소 역시 필요했습니다. 일반적으로 게임에서 도전이란 플레이어가 실수를 하면 캐릭터가 죽을 수도 있다는 사실을 의미합니다. 우리는 모여 앉아서 알래스카 원주민 문화와 죽음 간의 관계와 이 둘 모두를 게임 플레이와 스토리에 어떻게 담을 것인지 장시간 논의했습니다."

흰 여우가 소녀의 반려 동물로 등장하게 된 것도 부분적으로는 이 논의의 결과였다. 알래스카 원주민들은 우정을 느끼거나 생존에 도움을 주는 다양한 동물과 정신적 관계를 맺고 있다. 개발 초기에는 늘대를 선정해서 디자인과 애니메이션 작업까지 진행했다. 그러나 시간이 흐른 뒤 여우가 더 적합하다는 결론을 내렸다. 게쉔펠드와 프레딘은 대부분의 지역에서 늘대가 갖고 있는 이미지를 고려할 때, 관객들이 늘대보다는 여우에 더 큰 공감을 느낄 것이라고 예측했다.

"게임에 등장하는 반려 동물을 교체하게 된 또 다른 이유는 인간과 동물의 진정한 상호 의존을 보여주기 위해서였습니다. 동등하지만 서로 다른 두 캐릭터의 협동이 필요했거든요." 게쉔펠드가 덧붙였다. "늘대가 이 게임의 주제에 적합한 상징을 담고 있을지도 모른다고 생각했습니다. 하지만 기획팀은 늘대라는 존재가 소녀와 동물 간의 균형을 망가트린다고 봤습니다. 이런 이유에서 여우가 더 적절한 선택이라 여겼습니다."

여우는 다른 많은 문화권에서도 특별한 의미를 지닌다. 예를 들어 일본과 중국 신화에도 흰 여우가 등장한다. 문화 간의 경계를 넘어 존재하는 요소를 등장시킴으로써 비디오 게임은 다양한 사람들을 한데 모으고, 그들 간의 공통적인 것을 경험하게 할 수 있다. 게쉔펠드는 〈네버 얼론〉이 기폭제가 되어 다른 민족들도 게임을 통해 고유의 문화를 알릴 수 있기를 희망했다.

"처음 〈네버 얼론〉을 언론에 공개했을 때, 몇 몇 일본 기자들이 다가와서 흰 여우의 의미에 대해 물었습니다. 대단히 흥미로운 일이었어요." 게쉔펠드가 말했다. "알래스카 전통 문화 속의 역사와 신화가 세계의 다른 문화와 닮은 점이 단지 이뿐만이 아닐 거라는 사실을 깨닫게 됐죠."

"저희가 꿈꾸는 '월드 게임'이 하나의 흐름으로 자리잡는다면, 게임이 토착 문화 간의 차이점과 유사점을 담아내는 방식을 살펴보는 것도 흥미로울 겁니다. 궁극적으로 가장 인간적인 요소는 문화적 차이를 넘어 통하기 마련이니까요. 게임이 인간 사이의 독특함과 유사함을 함께 되돌아보고, 축하하기 위한 하나의 방법이 될 수 있다고 생각합니다."

오른쪽과 다음 페이지: 〈네버 얼론〉 게임 아트(이라인 미디어)

역사를 섞다

역사적 픽션은 독자에게 많은 사실을 가르쳐 준다. 〈전국무쌍Samurai Warriors〉과 〈진삼국무쌍Dynasty Warriors〉에서 코에이 테크모Koei Tecmo의 목표는 역사적 이야기를 통해 감각적이고 자극적인 경험을 제공할 뿐만 아니라, 플레이어가 게임에서 경험한 사건에 대해 더 많은 것을 알고 싶게 만드는 것이다.

"'사실은 픽션보다 낯설다'라는 말처럼, 역사 속에는 정말로 흥미진진한 인물과 사건들이 있습니다." 고대 중국을 배경으로 한 역사 게임 〈진삼국무

〈블레이드스톰: 나이트메어(Bladestorm: Nightmare)〉 게임 아트(코에이 테크모 게임즈)

아키히로 스즈키와 히사시 코이누마
스튜디오: 코에이 테크모 게임즈
위치: 일본
**대표작: <블레이드스톰: 나이트메어>,
<진삼국무쌍>, <전국무쌍>**

쌍〉 프랜차이즈의 디렉터 겸 프로듀서인 아키히로 스즈키^{Akihiro Suzuki}는
말한다. "역사 게임에서 관건은 이 흥미진진한 사건을 경험하고, 다양
한 캐릭터들의 역할을 플레이할 수 있냐는 것이죠."

코에이 테크모는 한층 더 사실에 더 충실한 역사 시뮬레이션 게임
도 만들어 왔다. 이에 비하면 〈무쌍^{Warriors}〉 시리즈는 각종 꾸밈으로 가
득 차있다. 예를 들어 영웅들은 말도 안 되는 의상을 입고, 현실에서는
불가능한 무기를 사용한다. 그러고는 조금의 멈춤도 없이 수천의 적을

뚫고 전진한다. 〈무쌍〉 시리즈는 역사적 세계를 판타지 세계로 변모시켰다. 그러나 시리즈의 각 게임은 여전히 분위기나 상징적 의미에서 근거가 되는 자료에 충실할 것을 목표로 삼고 있다.

자칭 역사광인 스즈키가 코에이 테크모에 입사한 계기는 어려서 플레이했던 〈삼국지〉 시리즈 때문이었다(당시에는 코에이가 테크모와 별개의 회사였다). "고등학생 때 〈삼국지〉 시리즈를 플레이했는데, 그때 느꼈던 재미에 정말로 큰 영향을 받았습니다." 스즈키가 말했다. 회사 개발진 중에서 최고 연장자 중 한 명으로서, 스즈키는 처음 자신에게 영감을 줬던, 바로 그런 종류의 게임을 만들고 있다.

〈무쌍〉 시리즈가 거듭됨에 따라 캐릭터와 액션은 더욱 기이해졌다. 그럼에도 역사에 대한 스즈키의 존중 덕분에 핵심을 이루는 역사적 사실은 여전히 대부분 유효하게 남아있다. "역사에서 너무 멀리 벗어나지 않도록 주의하고 있습니다." 스즈키가 말했다. "인물의 죽음이나 전투의 승패 같은 주요 역사적 사건을 바꾸기보다는 인물의 감정과 생각에 초점을 맞춤으로써 시나리오에 극적인 재미를 더했습니다. 그리고 이를 통해 플레이어에게 개인적 해석의 여지를 남겨둘 수 있었습니다."

"의복과 무기에 대해 말하자면, 당연히 사실과는 거리가 있습니다." 그가 덧붙였다. "완벽한 복제품을 만들었다면, 정작 게임 자체는 너무 평범하고 단조로웠을 겁니다. 저희 디자인은 당시 흐름에서 영감을 받았습니다. 아주 다양하고 많은 의복과 무기가 필요했기 때문에, 기본 특징은 사실에 충실하면서, 재구성할 수 있는 부분을 여러 형태로 응용했어요."

실제로 〈진삼국무쌍〉이나 〈전국무쌍〉, 기타 코에이 테크모 게임에 등장하는 매우 터무니 없는 무기나 배경 디자인도 실제로 역사적 근거를 갖고 있다.

중세 유럽의 백년전쟁을 배경으로 하는 〈블레이드스톰Bladestorm〉을 개발할 때, 스즈키는 판타지 요소를 선보이면서도 역사적 사실성을 유지하기 위해 한 걸음 더 나아갔다.

"저희가 만든 다른 역사 게임에서와 마찬가지로 〈블레이드스톰〉을 개발할 때, 다양한 문헌과 참고 자료를 수집하고 참조했습니다." 스즈키가 말했다. "유럽 역사는 우리에게 친숙한 분야가 아니었어요. 그래서 저는 디렉터, 아트 디렉터와 함께 직접 역사적 장소와 성을 답사하기 위해 영국과 프랑스로 갔습니다. 돌아올 때는 오직 현지에서만 구할 수 있는 수많은 참고 자료를 가져왔어요."

왼쪽 페이지: 〈블레이드스톰: 나이트메어〉 프로모션 아트(코에이 테크모 게임즈)
다음 페이지: 〈블레이드스톰: 나이트메어〉 게임 아트(코에이 테크모 게임즈)

승자의 역사

전쟁에서 영웅은 승자의 몫이다. 반면 패자는 악당이 된다. 역사가가 어떤 사건의 진실을 파악하려 할 때, 늘 이 문제와 씨름하곤 한다.

〈진삼국무쌍〉의 배경이 되는 삼국시대는 서기 220년에서 280년 사이에 존재했다. 역사가들은 여전히 그 시기에 벌어졌던 사건들을 하나하나 끼워 맞추고 있는 형편이다. 그러나 이런 시기는 너무 많은 부분이 불확실하기 때문에 오히려 역사적 픽션을 위한 풍부한 영감의 원천이 되기도 한다.

〈진삼국무쌍〉의 경우, 그 시기에 대한 주된 자료는 15세기 나관중이 쓴 역사 소설 『삼국지연의』다. 사실 이 소설에 등장하는 모든 캐릭터가 실존했는지조차 확실하지는 않다. 『삼국지연의』는 조조라는 군벌을 악당 내지는 폭군으로 묘사한다. 반면 유비와 손권은 조조에 맞서 싸우는 영웅으로 그린다. 그러나 역사가들은 일반적으로 실제 상황은 이것보다는 훨씬 복잡했을 것이라고 예상한다.

마찬가지로 〈전국무쌍〉의 배경이 되는 전국시대(1467~1603)에 벌어진 사건에 대해서도 역사가들 사이에 논쟁이 있다. 이 시기에 악명 높은 군벌 노부나가 오다는 그의 가장 유능한 장수의 배신으로 죽음을 맞는다. 이 시기를 다룬 대중 소설은 오다를 전형적인 폭군 내지는 무자비한 천재로 묘사한다. 그러나 오다는 전국시대 같은 정치적 혼란기의 일본에 안정과 번영을 가져온 몇 안 되는 인물 중 하나였다.

역사적 사실의 불확실성을 고려할 때, 스즈키와 개발팀은 조조나 오다처럼 역사적 의미를 지닌 인물을 '완전한 악당'으로 묘사하는 것은 사실을 외면한 제한된 접근이라고 여겼다. 이 지도자들은 세상에 대한 자신만의 야망을 품었다. 만약 이들이 경쟁에서 살아남았다면, 동일한 역사책에 영웅으로 남았을 것이다. 이런 점을 염두에 두고, 코에이 테크모의 게임은 균형 있는 관점을 유지하기 위해 늘 노력하고, 플레이어 스스로 캐릭터의 행동에 대한 타당성을 찾도록 유도했다.

"역사적 인물에서 '영웅'과 '악당'을 가르는 기준은 개인적 해석에 달려 있습니다. 어떤 인물의 행위에 대한 개인적 해석이 객관적 사실에 기반하지 않는 경우도 있어요." 스즈키는 말했다. "이런 의미에서 플레이어에게 명확한 선과 악의 경계를 제시하지 않기 위해 노력했습니다. 이를 통해 선과 악 중 어느 하나에 치우치지 않은 많은 시나리오를 사용할 수 있었습니다."

"이런 접근에는 역사적 인물들의 후손에 대한 고려도 한몫을 했어요." 스즈키는 덧붙였다. 〈무

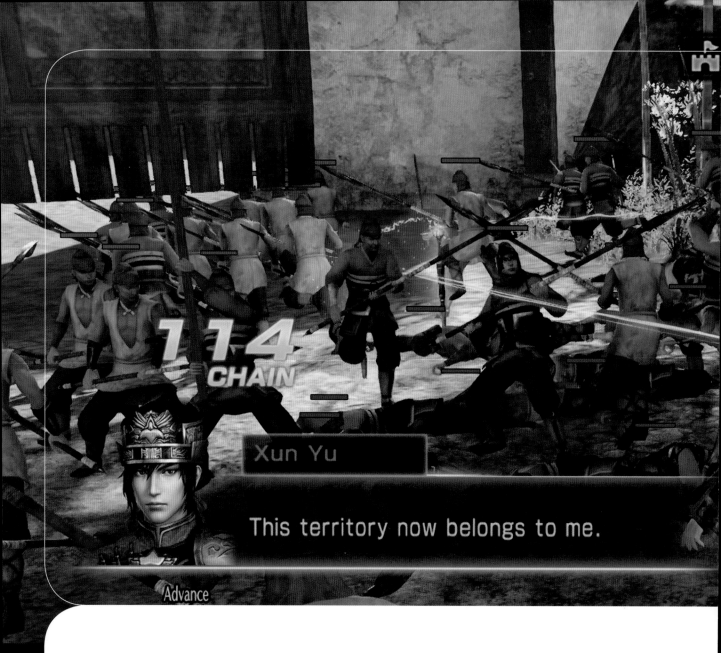

114 CHAIN

Xun Yu

This territory now belongs to me.

Advance

쌍〉시리즈는 현란한 액션과 황당한 디자인에도 불구하고, 코에이 테크모가 게임의 토대가 되는 역사적 사실에 대해 무한한 존중을 품고 있다는 사실을 다시 한 번 보여줬다. 이런 존중은 설정과 캐릭터 디자인에도 그대로 나타난다.

역사적 사실과 디자인적 해석

코에이 테크모의 베테랑 중 하나인 히사시 코이누마Hisashi Koinuma는 〈결전Kessen〉과 〈전국무쌍〉 프랜차이즈에 참여했다. 개발팀은 실제 일본 성을 게임에 사용했는데, 목조 장식부터 토대의 석재 패턴에 이르기까지 실제 모습을 자세하게 재현했다.

그러나 실제 일본 성은 〈전국무쌍〉 같은 핵앤슬

래시 게임에서는 재미를 반감시키는 디자인 요소를 갖고 있다. 예를 들어, 성벽에는 궁수나 포수가 안전하게 공격할 수 있는 구멍이 있다. 그런데 게임에서 궁수가 이런 성벽 뒤에 숨어서 공격을 한다고 생각해 보자. 플레이어 입장에서 반격할 방법 없이 일방적으로 공격을 받는 상황에 짜증을 느끼게 된다. 그

래서 〈전국무쌍〉의 성에서는 활을 쏘기 위한 구멍을 제거했다. 그러나 최상층의 지휘실로 이어지는 계단들을 포함한 건물의 배치는 실제 성의 모습을 그대로 가져왔다. 게임 속의 성에서는 장식을 찾기 힘든데, 이는 유럽의 성과는 달리 일본의 성은 순전히 군사적 목적으로 세워졌기 때문이다.

위: 〈진삼국무쌍〉 게임 아트(코에이 테크모 게임즈)
다음 페이지: 〈전국무쌍〉 프로모션 아트(코에이 테크모 게임즈)

전국 시대의 역사적 사실에 기반한, 재미있는 액션 게임, 애니메이션, 만화들이 이미 나와있었고, 코이누마는 이들과 〈전국무쌍〉을 차별화할 수 있는 방안을 모색했다. 예를 들어, 4차 카와나카지마 전투(1561)는 당시 강력한 군벌이었던 켄신 우에스기와 신겐 타케다 간의 결전으로 유명한데, 〈전국무쌍〉에서 이 내용을 찾을 수 있다.

실제 전투에서는 우에스기가 타케다를 급습했다. 우에스기가 전투 사령부로 갔을 때, 타케다는 오직 전투용 부채만을 들고 싸우고 있었다. 타케다는 사실상 비무장 상태임에도 불구하고 우에스기의 공격을 세 차례나 막아냈다. 결국 타케다의

충복이 우에스기의 말을 창으로 찔러 위기를 모면한다.

"〈전국무쌍〉에서 일반적인 칼과 창을 들고 싸운다면 재미가 없을 거예요. 게임을 흥미롭게 만들기 위해 방대한 종류의 무기를 준비해야만 했습니다." 코이누마가 말했다.

"부채를 들고 싸운 타케다의 역사적 일화는 개발팀에게 사실을 꾸며내지 않고도 무기의 폭을 넓힐 수 있는 기회를 제공했습니다."

게임 속 우에스기도 일곱 개의 가지가 달린 가상의 칼을 들고 나온다. 타케다와의 결전에서 우에스기의 세 번의 공격은 실로 막강해서, 공격

위: 〈전국무쌍〉 게임 아트(코에이 테크모 게임즈)
왼쪽 페이지: 저자 매트 세인즈베리의 사진

을 막아냈음에도 불구하고 부채에 일곱 개의 흔적을 남겼다고 한다. 바로 이 역사적 사실을 담기 위해 일곱 개의 가지가 달린 칼을 디자인한 것이다. 물론 기본적으로 칼의 디자인 자체가 멋지기도 했다.

〈전국무쌍〉에 등장하는 인물들의 다양성을 확보하기 위해서, 일부 인물에서는 재미있는 무기 이상의 수정이 필요했다.

다양한 시선

일본 전국시대에 여성은 사무라이가 될 수 없었다. 여성들은 대개 무기를 보수하거나, 총기가 도입된 이후에는 총알을 만드는 등의 병참 업무에 참여했는데, 기본적으로 비전투 인력이었다. 그래서 잔다르크처럼 무기를 든 몇몇 소수의 여성들은 널리 유명해졌다.

코이누마에 따르면 코에이 테크모는 남녀 캐릭터 간의 균형을 맞추려 했다. 〈전국무쌍〉 시리즈를 통해서 더 다양한 동기와 감정과 시선을 담아내고 싶었기 때문이다.

"전국시대 인물들 각각을 살펴보면, 그들 모두가 미래에 대한 자신만의 믿음과 이상을 가졌습니다. 저희는 바로 이런 모습을 게임 속에 담아내려 했습니다." 코이누마가 말했다.

"인물들의 다양한 시선과 생각의 방식을 보여주고, 그러한 것들을 스토리에 제대로 반영하려 했습니다."

문헌에 따르면 카이히메는 자신을 따르던 사람들을 지키기 위해 무기를 들었다고 한다. 진치요 타치바나의 경우, 실제 전장에서 싸운 경험은 없을지도 모른다. 그러나 그녀는 남자가 없던 타치바나 가문을 6년간 이끌었다. 개발팀은 어렵지 않게 그녀를 여성 전사로 재해석할 수 있었다. 게임에 등장하는 또 다른 여성 캐릭터인 쿠노이치는 실존 인물이 아니다. 전국시대의 전투에서 활약했던 실제 여성들을 조합하고 재구성한 캐릭터다(쿠노이치는 여성 닌자를 지칭하는 말이다).

"어떤 의미에서는 어려운 일입니다. 하지만 매우 재미있는 것도 사실입니다." 역사적 사실을 비트는 데에 대해 코이누마는 이렇게 말했다.

코에이 테크모의 역사 게임은 어떤 영웅적 행동이 사건의 향방에 어떤 영향을 미칠까라는 가정을 즐긴다. 만약 잔다르크가 백년전쟁 중에 이단으로 몰려 화형 당하지 않았다면 어땠을까? 〈블레이드스톰〉은 잔다르크를 구해줌으로써 플레이어가 실제 역사와는 다른 새로운 이야기를 경험하게 한다.

"전투를 만들 때 '이 일이 벌어지면 다음에는

오른쪽 페이지: 〈전국 무쌍〉 캐릭터 렌더링(코에이 테크모 게임즈)

무슨 일이 벌어질까?'라는 생각을 늘 합니다."코이누마가 말했다.

"이런 생각을 통해 전투에 새로운 캐릭터를 추가하거나, 역사를 바꿔 패배한 진영에 있었던 캐릭터가 승리하게 만들기도 합니다. 그러나 이런 수정이 실제 전투의 역사적 맥락과 중요성을 바꾸지는 않도록 주의해야 합니다. 아주 재미있는 작업이죠."

어린 시절의
영향

뒤틀린 동화

아메리칸 맥기Amerian McGee는 동화 『이상한 나라의 앨리스』를 독특하게 재해석한 사람으로 가장 잘 알려져 있다. 그림 형제의 동화와도 자주 비견되는 그의 스타일은 자신의 삶의 어두운 순간들에서 영향을 받았다.

　맥기는 뛰어난 학업능력에도 불구하고 가정 문제로 고등학교를 중퇴해야 했다. 이후 비디오 게임 업계에 들어오기 전까지, 미래가 없다

이전 페이지: 〈크레이지 페어리즈(Crazy Fairies)〉 프로모션 아트(스파이시 호스(Spicy Horse))
위: 〈앨리스: 매드니스 리턴즈(Alice: Madness Returns)〉 컨셉 아트(켄 웡(Ken Wong)/일렉트로닉)

아메리칸 맥기
스튜디오: 스파이시 호스
위치: 중국
대표작: <아카네이로: 데몬 헌터즈>, <앨리스:
매드니스 리턴즈>, <아메리칸 맥기의 앨리스>

고 여겼던 자동차 정비공으로 일했다. 그러나 완전한 행운과 적절한 시기가 모든 것을 바꿔 놓았다. 옆집에 살던 이웃인, 프로그래밍 전설 존 카맥John Carmack이 이드 소프트웨어ID Software에서 일할 것을 제안한 것이다. 맥기는 그곳에서 <둠 2Doom 2> 개발에 참여하게 된다.

"만족스럽지도, 행복하지도 않던 곳에서 게임 업계의 슈퍼 스타들로 둘러 싸인 곳으로 간다는 것, 그리고 그들의 작업을 배우고, 기여할 기회를 얻는다는 것은 나에게 엄청난 변화이며, 삶을 송두리째 바꾸는 경험이었습니다." 맥기가 말했다.

"이드 소프트웨어에는 독특한 문화가 있었어요. 마치 사교 클럽 내지는 남학생 탈의실 같았습니다. 당시 저희는 매우 폭력적인 게임을 만들고 있었어요. 직원들은 하루 종일 데스 매치death match를 하면서 비명을 지르고, 서로에게 고함을 쳤습니다. 그러나 동시에 존 카맥, 마이클 애브라쉬Michael Abrash, 샌디 피터슨Sandy Petersen 같은 사람들 곁에 있으며 영향을 받는다는 사실 자체가 매우 고무적이었습니다."

맥기는 이드 소프트웨어를 떠나 EA(일렉트로닉 아츠Electronic Arts)에 합류한다. 그는 그곳에서 원하는 것은 무엇이든 만들 수 있는 권한을 부여받았고, 그 결과가 그의 경력을 대표하는 〈아메리칸 맥기의 앨리스American McGee's Alice〉다. 이 게임이 지닌 중요성을 고려한다면, 처음 아이디어를 갖게 된 계기는 너무나 평범했다.

"EA는 새로운 게임의 컨셉을 보여달라고 했습니다. 그러나 어떤 제약도 두지는 않았어요." 맥기가 말했다. "어느 날 캘리포니아의 고속도로를 달릴 때, 노래가 한 곡 흘러나왔고, 가사 중에 '이상한wonder'이라는 단어가 들렸습니다. '이상한'이란 단어와 당시 내 인생에서 있었던 많은 일들을 조합하자, 불현듯 『이상한 나라의 앨리스』 동화에 나오는 앨리스를 아주 어두우면서도 서정적인 스타일로 다뤄보고 싶다는 생각이 들었습니다."

맥기의 재해석은 루이스 캐럴이 쓴 소설의 뒷이야기다. 맥기는 부모의 죽음이라는 현실의 공포를 마주한 앨리스의 이야기를 다룬다. 그녀는 이상한 나라를 심리적 도피처로 삼아 다시 그곳을 찾는다. 〈아메리칸 맥기의 앨리스〉의 어둡고 비틀어진 세계는 정신 병동에 갇혀야 했던 현실의 경험이 앨리스에게 얼마나 큰 공포였는지를 보여준다. 이상한 나라에서 앨리스의 공포는 날카로운 형태들로 가득 찬, 서로 조화를 이루지 못하는 표현주의적 경관을 통해 나타나고, 정신 병동에서 경험해야 했던 폐쇄공포증은 짓누르는 듯한 무거운 분위기를 통해 드러난다. 부모를 잃었다는 사실에 대한 분노는 그녀에게 극도의 폭력적 성향마저 심어준다. 결국 다시 찾은 이상한 나라에서 앨리스는 자신의 상실을 받아들인다. 그러나 그 여정이 결코 유쾌하지는 않다.

캐릭터가 중심이다

〈아메리칸 맥기의 앨리스〉와 속편 〈앨리스: 매드니스 리턴즈Alice: Madness Returns〉에서 보여준 심리적 공포가 극대화될 수 있는 이유 중 일부는 이 이야기가 앨리스의 상상 속에서 벌어진다는 사실 때문이다. 게임 세계 속의 모든 것들은 캐릭터에서 확장된 것이다. 따라서 이 프랜차이즈의 상업적, 비평적 성공은 얼마나 깊이 있고, 일관되게

오른쪽 페이지: 〈앨리스: 매드니스 리턴즈〉 컨셉 아트(켄 웡/일렉트로닉 아츠)

앨리스라는 캐릭터를 상상하느냐에 전적으로 달려있었다.

"개발 과정에서 게임 속 어떤 부분에 대한 의견이 일치하지 않는 경우가 있습니다. 이럴 때면 팀에게 모든 것을 앨리스를 중심으로 생각해야 한다고 상기시켰습니다." 맥기가 말했다. "만약 그녀라면 무슨 얘기를 하고, 어떤 옷을 입고, 어떻게 움직일지 상상하며 몰두해야 했습니다."

그 결과, 두 〈앨리스〉 게임은 고도의 캐릭터 중심 게임이 됐다. 일부에서는 논란이 되기도 했지만, 캐릭터 디자인은 다른 게임에서는 유래를 찾기 힘든 사랑을 팬들로부터 받았다. 마지막 앨리스 게임이 출시된 지 수년이 지났다. 그러나 게임 컨벤션에 가면 여전히 앨리스의 트레이드 마크인 핏자국이 있는 푸른 드레스를 입은 사람들을 볼 수 있다. 이것이 바로 맥기가 창조한 앨리스의 힘이다.

맥기는 자신의 앨리스가 등장하는 단편 애니메이션 시리즈를 제작하기 위한 크라우드 펀딩을 성공적으로 마쳤다. 독립된 캐릭터로서의 앨리스의 가치를 입증한 셈이다. 그리고 EA로부터 캐릭터와 세계관에 대한 권리를 확보했기 때문에 스토리를 각색한 영화 제작도 가능한 상태가 됐다. 게임 자체보다는 스토리와 캐릭터에 집중했던 〈앨리스〉는 결국 매체를 넘나드는 프랜차이즈로 성장하게 됐다.

과학으로서의 게임 개발

맥기는 20여 년 동안 게임 개발자로 일해왔다. 그러나 사실 게임 플레이를 즐기지는 않는다.

"정말로 특별한 게임이 아니면 저의 흥미를 끌지 못합니다." 맥기는 말했다. "설령 흥미를 느껴 플레이를 하더라도 이내 흥미를 잃고 게임에서 멀어지는 경우가 많았죠. 게임에 들인 시간을 실제 생활에서 쓴다면 어땠을까 하는 생각 때문이었습니다. 저녁 파티를 열거나, 새로운 요리를 배우거나, 악기를 배우거나, 손으로 무언가를 직접 만드는 일 같은 것 말이죠."

맥기는 게임 개발에서도 중요하다고 할 수 있는 과학과 발견에 대한 열정을 갖고 있다. 게임 개발은 개인적으로나 창의적으로나 고된 일이다. 그러나 게임 개발이 요구하는 기술적 지식과 창의성 간의 결합이라는 측면이 그에게는 큰 매력이었다. 그는 자신이 개발하는 게임을 어떤 일을 처리하는 새로운 방법을 모색하는 기회로 받아들인다.

"게임에서 할 수 있는 표현, 사용하는 기술, 들려주려는 이야기, 구축하게 될 세계, 이런 것들

이 계속해서 저를 빠져들게 합니다." 맥기는 말했다. "게임 개발에서 일찍 은퇴해야만 한다면, 제 생각에는(실제로 자주 생각합니다) 좀 더 물리적인 것이 있는 분야로 갈 것 같아요. 컴퓨터와 로봇공학이나 컴퓨터와 전기 교통수단 같은 조합 쪽으로 말이죠. 무엇이 됐건 물리적인 것과 컴퓨터가 교차하는 분야에 관심이 많습니다."

플레이어가 원하는 것

당연히 맥기의 모든 게임이 캐릭터에 모든 것을 쏟아붓거나 이야기에만 집중한 것은 아니다. 2007년 맥기는 상하이에 위치한 게임 개발 스튜디오인 스파이시 호스Spicy Horse를 공동 창립했다. 이 스튜디오는 모바일 기기를 위한 작은 규모의 게임을 주로 개발한다.

"모바일 게임에서는 〈앨리스〉만큼 스토리가 차지하는 비중이 크지 않습니다." 맥기는 말했다. "예를

들어 〈더 게이트The Gate〉에는 따로 주인공이 존재하지 않아요. 플레이어인 당신이 있고, 당신과 싸우는 몬스터가 있을 뿐입니다. 이제 대중은 예전과는 다른 이유로 게임을 찾습니다. 그러니 우리의 목표도 변해야 합니다. 모바일 게임을 플레이할 때, 사람들이 찾는 건 짧은 시간 동안 몰입해서 즐길 수 있는 무엇일 뿐이에요. 깊이 있는 서사가 제대로 기능하지 못할지도 모릅니다."

그렇다고 해서 〈더 게이트〉나 다른 스파이시 호스 게임의 예술적 가치가 떨어진다는 의미는 아니다. 맥기의 모든 게임은 강렬한 아트 스타일과 단순하지만 몰입감 있는 게임플레이 메카닉을 특징으로 한다. 예를 들어, 〈아카네이로: 데몬 헌터즈Akaneiro: Demon Hunters〉에서 플레이어는 던전으로 내려가 몰려오는 몬스터를 맞아 싸운다. 이 과정에서 플레이어는 경험치와 아이템을 얻고, 이를 통해 더 강한 적과 싸울 수

위와 다음 페이지: 〈아카네이로: 데몬 헌터즈(Akaneiro: Demon Hunters)〉 프로모션 아트(스파이시 호스)

있는 조건을 갖춘다. 스파이시 호스는 평범한 게임 패턴을 따르면서도 일본 전통 예술과 몬스터를 동화 『빨간 모자』와 접목함으로써 〈아카네이로〉를 차별화했다.

맥기의 독특한 게임은 충성스런 팬층을 형성했다. 맥기가 직접 게임에 사용할 그림을 그리지는 않는다. 그럼에도 그의 작가적 역량은 아티스트들이 그의 비전을 충실히 담은 세계를 만들어내는 데 도움을 준다.

"저의 예술적 능력은 많이 부족합니다." 맥기는 말했다. "창의적 측면에서 프로젝트에 제가 주로 기여하는 부분은 글을 쓰는 일이에요. 저는 기획도 하고, 제작 관리도 하고, 개발 업무도 하지만, 저와 함께 일하는 사람들은 주로 그림을 그리고, 음악을 만들고, 애니메이션을 만드는 사람들이거든요."

대중의 관심을 벗어나

맥기가 오로지 어두운 동화만을 고집하는 것은 아니다. 그보다는, 해온 작업물이 너무 유명하기 때문에 스스로 그 주제를 벗어나기 어려운 것일 뿐이다. 그는 스파이시 호스에서의 경험을 통해 한 가지 사실을 알게 됐다. 어린이 동화를 재해석한 게임을 판매하는 경우가 아니라면, 맥기라는

이름을 더 이상 내세우지 말고, 프로젝트 참여와 마케팅 간에 적절한 거리를 유지할 필요가 있다는 것이다.

"저희 회사에서 만든 게임을 광고할 때 제가 참여했다는 사실을 알리지 않으려 했습니다. 독특한 게임을 만드는 스튜디오라는 명성 자체를 구축하고 싶었기 때문이었습니다." 맥기가 말했다. "2011년부터 네 개의 게임을 출시했다. 그중 두 개는 동화적 색채를 띠고 있습니다. 그러나 그 게임을 제가 만든 게임이라고 광고하지는 않았어요. 다른 두 게임은 동화와 아무런 관계가 없었지만, 결과는 성공적이었습니다."

맥기는 그동안의 게임을 통해 장르 영화 감독과도 같은 위치를 얻었다. 자신의 장르를 벗어날 경우 팬들을 실망시킬 수 있다. 그의 모든 노력에도 불구하고, 맥기는 동화 한가운데 있는 진정한 공포를 게임으로 재현한 기획자로 영원히 기억될지도 모른다.

오른쪽 페이지: 〈아메리칸 맥기의 앨리스〉 컨셉 아트(켄 웡/일렉트로닉 아츠)

유년의 환상을 실현하다

개발자에게 언제 처음으로 게임을 만들었는지 물어보면, 대부분은 아이였을 때라고 답한다. 업계의 많은 베테랑들은 어렸을 때 보드 게임이나 새로운 놀이를 만든 경험을 갖고 있다. 컴퓨터에서 게임을 만들 정도로 젊은 세대의 개발자들은 RPG 메이커RPG Maker나 게임메이커GameMaker 같은 간단한 소프트웨어를 이용해서 게임을 만들었을지도 모른다.

〈게임북 어드벤처(Gamebook Adventures)〉 게임 아트(조슈아 라이트(Joshua Wright))

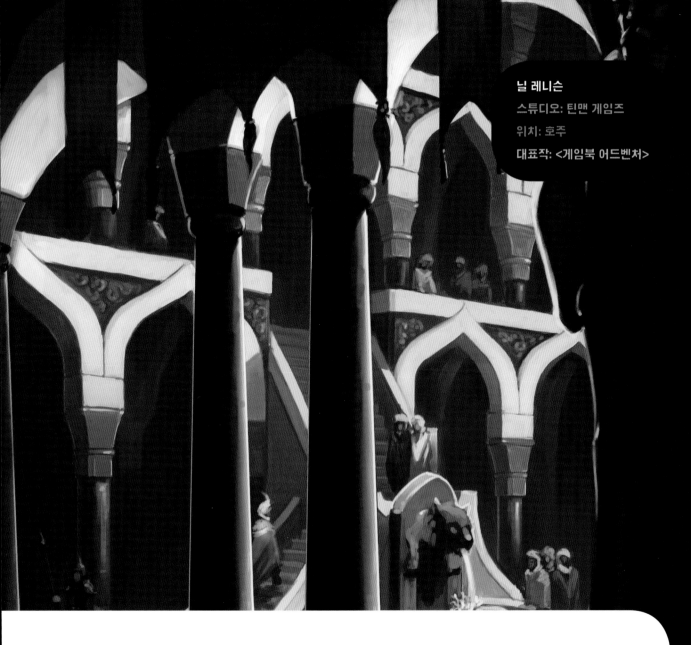

닐 레니슨

스튜디오: 틴맨 게임즈

위치: 호주

대표작: <게임북 어드벤처>

틴맨 게임즈Tin Man Games의 닐 레니슨Neil Rennison은 펜앤페이퍼Pen-and-Paper RPG(테이블탑Tabletop RPG 또는 테이블 토크Table-Talk RPG라고도 불리는 RPG의 한 형태다. 플레이어들의 상상력과 대화가 게임의 중요한 요소가 되며, 대표적인 펜앤페이퍼 RPG로 <던전 앤 드래곤>이 있다. - 옮긴이)를 위해 자세한 세계관을 구상한 것이 첫 경험이었다. 이후 그는 쌍방향(대화식) 소설interactive novel 또는

게임북gamebook으로 알려지게 된다.

iOS와 안드로이드에서 즐길 수 있는 레니슨의 <게임북 어드벤처Gamebook Adventures> 시리즈는 8, 90년대 출판 업계에서 큰 성공을 거두며, 여러 작품을 남긴 『파이팅 판타지Fighting Fantasy』와 『추즈 유어 오운 어드벤처Choose Your Own Adventure』, 두 게임북 프랜차이즈에 큰 빚을 지고 있다. 비디오 게임이 주류를 형

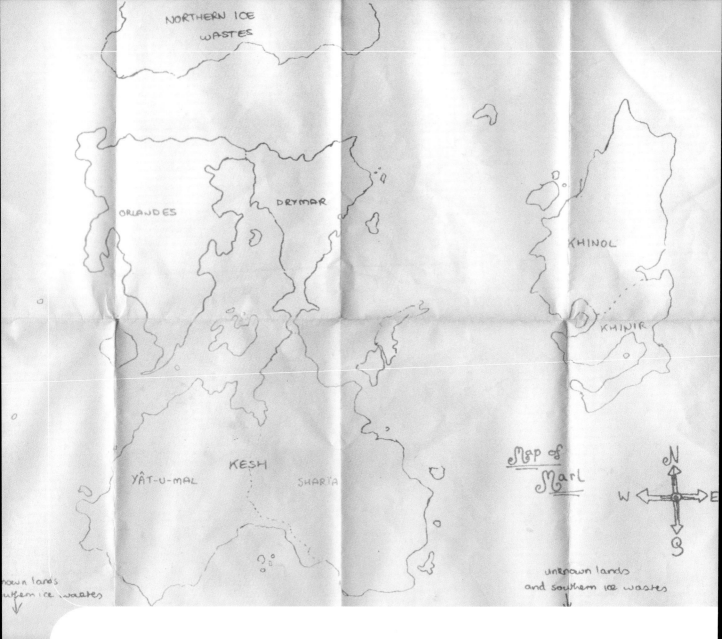

NORTHERN ICE
WASTES

ORLANDES

DRYMAR

KHINOL

KHINIR

KESH

YÂT-U-MAL

SHARIA

Map of
Marl

N
W E
S

unknown lands
and southern ice wastes

...own lands
...thern ice wastes

성하기 전에는 게임북이 인기를 끌었다. 쌍방향 상호 작용이 가능하고, 독자가 영웅을 조종하며 장대한 모험을 펼칠 수 있기 때문이다. 게임북은 처음 읽기 시작할 때는 일반 소설과 거의 다르지 않다. 그러나 책을 읽어감에 따라 계속해서 선택을 요구받는다. 그리고 이 선택에 따라서 서로 다른 페이지로 이동하고, 결국 다른 결과를 맞이한다.

레니슨은 어렸을 때 게임북을 사랑했고, 직접 『추즈 유어 오운 어드벤처』 스타일의 소설을 쓰겠다고 결심했다. 어린 시절의 작품들은 후일 레니슨의 본격적인 게임을 위한 토대가 된다.

"열세 살 정도였을 때, 친구들과 즐겼던 〈던전 앤 드래곤Dungeons & Dragons〉 스타일의 어드벤처 게임의 세계관을 구상했습니다. 제대로 지도까지 갖춘 세계

레니슨이 13세에 그린 올란즈(Orlandes)

게임북 어드벤처에 사용된 올란즈(닐 레니슨과 댄 맥스웰(Dan Maxwell))

였어요." 레니슨은 말했다. "〈게임북 어드벤처〉 시리즈를 만들기 시작했을 때 작가진이 구성돼 있었고, 그들의 스토리를 담을 하나의 세계가 필요했습니다. '이 모든 어드벤처를 담아낼 세계를 처음부터 만들기에는 시간이 너무 많이 들겠어!'라고 고민하던 중, 불현듯 '왜 굳이 새로 만들어야 하지?'라는 생각이 들었어요. 25년 전에 이미 만들어 놓은 세계가 있었

거든요."

레니슨은 바로 부모님의 집으로 향했고, 다락방에서 그의 오랜 〈던전 앤 드래곤〉 어드벤처 상자를 찾았다. 먼지를 털어내고, 상자를 열자 그 안에 어린 시절 창조했던 판타지 세계의 지도가 있었다. 이 지도에 담긴 올란즈는 이후 모든 〈게임북 어드벤처〉 시리즈의 기반이 된다. 레니슨은 지금까지 다른 작가

들의 게임북도 게임으로 만들었다(그는 심지어 여러 개의 〈파이팅 판타지〉의 디지털 버전도 개발했다). 그러나 〈게임북 어드벤처〉 시리즈는 지금까지도 꾸준히 주 소득원 자리를 지키고 있다.

상호작용할 수 있는 스토리

레니슨은 열두 살 무렵인 1982년부터 자신만의 게임 개발을 시작했다. 이안 리빙스톤Ian Livingstone 과 스티브 잭슨Steve Jackson이 쓴 『파이팅 판타지』 게임북이 출간된 해이기도 하다.

"이들은 스토리가 무엇이 가능한지 눈을 뜨게 해줬습니다." 레니슨이 말했다. "열 살 무렵부터 비디오 게임과 『추즈 유어 오운 어드벤처』 스타일의 게임북 간의 사랑이 시작됐습니다. 이 둘의 결혼은 논리적으로 당연하게 여겨졌어요."

레니슨은 게임북이 제공하는 스토리를 제어하고 있다는 느낌에 매료됐고, 결국 스스로 게임북을 쓰기 시작했다. "저는 장대한 판타지 스토리를 즐겨 읽습니다. 그러나 스토리를 직접 바꿔보고 싶은 마음이 늘 있었기 때문에, 때로는 이야기를 놓고 고심을 거듭했습니다." 그가 말했다. "이런 이유에서 어렸을 적 〈던전 앤 드래곤〉을 할 때도 저는 주로 던전 마스터를 맡아 다른 플레이어들의 모험을 만들어줬습니다. 직접 플레이어가 된

적은 거의 없었어요. 늘 이야기를 제어할 수 있는 위치에 있고 싶었습니다."

틈새를 찾아서

비디오 게임이 풍부해지고 더 생생한 경험을 제공하면서, 게임북의 인기는 사그라졌다. 그러나 게임북을 즐기며 성장한 사람들은 여전히 게임북을 원했다. 레니슨은 바로 이 틈새를 공략해서 성공을 거뒀다.

"저희도 광고를 한 적이 있었습니다." 레니슨이 말했다. "광고를 클릭한 사람들 대부분이 28세에서 37세 사이의 남성이었어요. 전혀 놀라운 결과가 아니었죠. 어렸을 때 게임북을 즐겼던 이들은 아직 향수를 갖고 있고, 저는 그들에게 어린 시절로 돌아갈 수 있는 기회를 준 겁니다. 저희의 주된 타깃 플레이어인 이들을 만족시키는 일이 다른 무엇보다도 중요했습니다."

레니슨은 기존의 핵심 타깃층을 만족시키면서, 동시에 젊은 플레이어들에게 전통 게임북 장르를 알려왔다.

"젊은 게이머들은 종종 제게 이렇게 묻습니다. '정말 대단한 게임이에요. 당신이 이 장르를 만든 겁니까?' 대부분의 젊은 세대는 게임북을 읽은 적이 없어요. 존재 자체조차 모를 걸요. 그

이전과 왼쪽 페이지: 〈게임북 어드벤처〉 게임 아트(조슈아 라이트)

들이 알고 있는 게임은 〈워크래프트^{Warcraft}〉나 최신 RPG 정도가 전부예요." 레니슨이 말했다.

게임북의 스토리를 완전한 RPG 게임으로 확장하거나, 게임북에 액션적 요소를 더해서 젊은 세대에 호소하려는 개발자들의 시도가 있었다. 그러나 기존 장르를 개선하려는 시도들은 정작 대부분의 게임북 플레이어가 원하는 가장 중요한 부분을 놓쳐버렸다. 그들이 원한 것은 3D 그래픽이나 복잡한 전투 시스템에 주의를 뺏기지 않고, 순전히 스토리에만 집중하는 것이다.

스스로 만든 행운

레니슨이 오늘까지 오는 데에는 스스로 만든 행운이 도움이 됐다. 개발 초기 단계였을 때, 레니슨은 RPG 팬을 위한 박람회에 참가해서 게임을 홍보하고, 〈게임북 어드벤처〉의 아트를 일부 선보였다.

레니슨의 전시가 화려하지는 않았다. 그러나 박람회에 참석한 이안 리빙스톤이 그의 전시를 봤고, 직접 레니슨을 찾아왔다. 이 일이 있은 뒤 오래지 않아 레니슨은 고전 『파이팅 판타지』 소설을 디지털화해서 iOS와 안드로이드로 출시하는 계약을 체결했다. 사업적으로 큰 힘을 얻은 동시에 어린 시절의 꿈이 실현되는 순간이었다.

"박람회에 참가하지 않았다면 이안을 만나지 못했을 거고, 『파이팅 판타지』 판권도 얻지 못했을 겁니다." 레니슨이 말했다.

그러나 앞으로 계속 나아가기 위해서는 〈게임북 어드벤처〉를 넘어서야 한다는 사실을 레니슨도 인정한다. 새로운 경험으로 새로운 대중을 찾아갈 시기가 곧 올 것이다.

"사업 파트너이자 틴맨 스튜디오의 수석 프로그래머인 벤(브리튼 스미스^{Britten Smith})과 저는 게임북 다음에 무엇을 할 것인지 얘기를 나눈 적이 있습니다. 게임북을 사랑하지만 우리는 앞으로 더 나아가려고 합니다. 현재 몇 가지 계획도 세워 뒀어요." 레니슨은 말했다. "저희의 큰 그림은 텍스트 기반의 어드벤처 게임을 개발하는 겁니다. 텍스트로 진행하는 〈스카이림^{Skyrim}〉 같은 게임이 될 거예요."

〈게임북 어드벤처〉 게임 아트 (조슈아 라이트)

결코 끝나지 않는 게임

〈말레볼런스: 더 소드 오브 아크라녹스Malevolence: The Sword of Ahkranox〉는 거의 완성되지 못할 뻔한 게임이었다. 크리에이터인 알렉스 노튼Alex Norton의 개인적 비극이 없었다면, 이 게임은 애초에 시작되지도 않았을 것이다.

"몇 년 전 건강이 악화돼 병원에 입원해야 했습니다." 노튼이 말했다. "수술을 받아야 했어요. 의사는 실패할 확률이 87퍼센

〈말레볼런스: 더 소드 오브 아크라녹스〉 게임 아트(알렉스 노튼)

알렉스 노튼

스튜디오: 비주얼 아웃브레이크

위치: 호주

대표작: <말레볼런스: 더 소드 오브 아크라녹스>

트라고 하더군요. 아마 상상하시는 그대로, 그건 정말 무서운 경험이었습니다."

"수술실로 실려가면서 마지막으로 기억 나는 건 '여기서 죽으면 내가 남길 것이 아무것도 없겠구나'라는 생각이었습니다. 어릴 때에도 저는 플레이하던 게임이 끝나는 것을 너무나 싫어했는데, 이상하게도 그 기억이 되살아났습니다."

대다수 부모들은 잠자리에 든 자녀에게 이야기를 들려준다. 그러나 노튼의 아버지는 달랐다. 야간에 일을 했기 때문에 밤에 이야기를 읽어줄 수 없었다. 대신 낮과 주말에 노튼과 그의 아버지는 〈아이 오브 더 비홀더Eye of the Beholder〉나 〈마이트 앤 매직Might & Magic〉 같은 고전 RPG를 함께 즐겼다.

"교차로에 다다르면 아버지는 어떤 길로 가야 할

지 제게 묻곤 했습니다." 노튼이 말했다. "침대에서 듣는 동화보다 게임이 훨씬 좋았어요. 아버지와 함께 살아가고 호흡하면서, 그 세상의 일부가 되었거든요."

"나이가 들어가면서, 저는 게임의 끝까지 갈 수 있게 됐어요. 저는 게임을 끝내는 것이 정말 싫었습니다. 그만한 재미를 다음 게임에서는 찾기 어렵기 때문이었죠. 게임들은 현대화되면서 점점 원래 빛을 잃어갔습니다. 그래서 수술이 끝나고 퇴원했을 때, 이 세상을 떠날 때 제 인생에서 남길 수 있는 게임을 만들기로 결심했습니다. '내 유년기의 일부를 차지했던 그런 게임을 만들면 어떨까?'라는 생각을 했습니다. 하지만 그보다는 끝나지 않고 영원히 계속되는 게임을 만들고 싶었습니다."

절차적 RPG

회복 과정에서 몇 달의 시간이 주어졌고, 노튼은 게임을 만들기 시작했다. 그는 예전에 대학 프로젝트에서 절차적으로 무한히 생성되는 월드를 위한 엔진을 개발한 적이 있었다. 그러나 그때는 〈마인크래프트〉와 다른 '끝이 없는' 게임들이 인기를 얻기 전이었다. 그 역시 과연 성공적인 게임을 만들 수 있을지 확신하지 못했다.

자신의 엔진을 이리저리 만져보면서, 노튼은 절차적 월드procedural world를 이용해서 강렬한 RPG 경험을 만들 수 있다는 가능성을 발견했다. 그는 이 아이디어를 크라우드 펀딩 플랫폼인 킥스타터Kickstarter에 선보였다. 그리고 그곳에서 이 프로젝트에 대한 많은 관심을 확인했다.

"친구 중 좋은 아티스트들과 작곡가 몇몇을 팀으로 끌어들였고, 〈말레볼런스〉는 하루 아침에 중요한 일이 돼버렸습니다." 노튼이 말했다. "프로젝트의 규모가 갑자기 커져버린 거죠. 이 프로젝트가 정말 특별한 무언가가 될 수 있다는 생각이 들었어요. 〈말레볼런스〉는 맹렬한 지지층을 확보했습니다. 이들은 일종의 틈새 플레이어들이었고, 저희 프로젝트에 헌신적이었어요."

〈말레볼런스〉의 주 타깃층은 30대 이상으로, 노튼과 마찬가지로 평생 게임을 즐겨왔고, 전통 RPG 메카닉에 향수를 느끼는 사람들이다. 끝나지 않는 영원한 게임이라는 컨셉은 이들에게도 큰 호소력을 가졌다.

개방된 이야기

〈말레볼런스〉는 고전 RPG의 구조를 갖고 있다. 플레이어는 함정으로 가득 찬 던전을 탐험하고, 무수히 많은 몬스터를 사냥한다. 이 과정에서 경

〈말레볼런스: 더 소드 오브 아크라녹스〉 컨셉 아트(레이첼 버치노프(Rachel Birchnoff))

험치를 모으고, 새로운 무기를 얻고, 기타 재화나 아이템을 획득한다. 그러나 여타 RPG와 다른 점이 있다. 〈마인크래프트〉 같은 게임의 특징을 가져와 플레이어에게 절차적으로 생성되는 월드를 제공한다는 점이다. 진정으로 끝이 없는 게임 세계가 등장한 것이다.

그러나 노튼은 이내 난제와 마주했다. 완전한 무작위적 세계를 가진, 절차적으로 생성된 게임은 이론적으로 크리에이터가 만든 이야기를 담을 수 없다. 게임 기획자가 플레이어의 행동을 예측할 수 없기 때문에, 일반적인 게임 서사가 작동하지 않는다. 노튼은 이런 게임 속에 구조를 만들기 위해 새로운 방법을 고안해야 했다.

"〈말레볼런스〉도 서사를 갖고 있습니다. 그러나 당연히 누군가가 글로 쓴 서사가 무한할 수는 없어요. 그렇게 하려면 누군가를 계속 고용해서 영원히 컨텐츠를 만들게 해야 할 거예요." 노튼이 말했다. "플레이어들을 서로 엮는 방법으로 이 문제를 해결해 보기로 했습니다."

〈말레볼런스〉는 도입부 시나리오에서 게임의 세계를 설명한다. 그러나 그 이상의 준비된 이야기는 없다. 이 게임은 지각이 있는 마법 검이 만든 꿈의 세계를 배경으로 한다. 플레이어는 이 마법 검의 의지가 체화된 캐릭터를 플레이한다. 모든 플레이어는 동일한 월드(마법 검의 꿈)에서 동일한 캐릭터(마법 검의 체화된 의지)를 동시에 플레이한다.

플레이어들은 서로 만날 수는 없다. 대신 게임 월드를 공유하며, 게임 속 행위를 통해 다른 플레이어의 게임에 영향을 미친다. 예를 들어 던전에 들어서면, 메시지를 통해 그 던전에 최초로 들어왔던 플레이어의 이름을 알려준다. 만약 어떤 플레이어의 캐릭터가 사망하면, 다른 플레이어는 자신의 세계에서 그 사체를 보게 된다. 플레이어는 자신의 무기를 특별한 마법의 돌에 꽂아둘 수 있다. 그러면 아더 왕의 엑스칼리버 검처럼 다른 플레이어가 그 무기를 뽑을 수 있다.

〈말레볼런스〉의 이러한 특징들은 플레이어가 스스로의 전설을 써가도록 유도한다. 또한 팬들이 만드는 이벤트 역시 게임이 만들어가는 이야기의 한 부분이 된다.

노튼은 말했다. "플레이어들이 주관하는 토너먼트가 있었습니다. 토너먼트 참가자들은 동일한 던전의 입구에서 동시에 게임을 시작했고, 가장 먼저 던전의 끝까지 가기 위해 경쟁했습니다. 승자가 가려졌지만, 그 자체가 크게 흥미롭지는 않았습니다. 가장 먼저 던전의 끝에 도달한 플레이어가 놀라운 검을 발견했고, 다른 모든 플레이어

가 그 검을 갖길 원했습니다. 게임 게시판에 있는 이야기 속에서 이 마법 검은 전설의 무기가 됐습니다."

"그 마법 검이 유명한 것은 개발자의 의도 때문이 아닙니다. 게임에 참가한 사람들의 행동이 그렇게 만든 거예요. 그 검에는 진정한 스토리가 담겨있고, 모두가 이 검이 유명해지는 과정을 목격했습니다. 이 검은 여전히 게임 속에서 돌아다니고 있습니다."

플레이어들이 〈말레볼런스〉의 서사를 만들어가는 과정을 지켜보는 것은 놀라운 경험이다. 그러나 노튼은 이런 커뮤니티 기반의 스토리텔링이 신규 플레이어가 접근하기에는 어렵다는 사실을 잘 알고 있다. 특히 신규 플레이어가 게시판 활동을 하지 않을 경우는 더 그렇다. 그래서 그는 사전에 정해진 스토리 아크를 담은 확장 패키지를 별도로 출시했다.

"확장 패키지에는 적절한 결말이 있는 이야기가 들어있습니다. 왜 플레이어가 〈말레볼런스〉에 있어

〈말레볼런스: 더 소드 오브 아크라녹스〉 컨셉 아트(미하엘 에프란(Mihaela Epuran))

야 하는지에 대한 목표를 설명해줍니다. 원래 게임에
서는 이 부분에 대한 설명이 없었습니다." 노튼은 말
했다.

플레이어 스스로 만든 목표이건, 아니면 게임이
제시한 목표이건, 〈말레볼런스〉에서는 플레이어의
이야기는 플레이어가 원할 때 끝난다. 이것이 바로
노튼이 꿈꾸던 게임이다.

〈말레볼런스: 더 소드 오브 아크라녹스〉 게임 아트(알렉스 노튼)